# SOBREVIVÍ

## LOS INCENDIOS FORESTALES DE CALIFORNIA, 2018

Lauren Tarshis

ilustrado por Scott Dawson

Scholastic Inc.

Originally published in English as *I Survived the California Wildfires, 2018*



ISBN 978-1-338-85943-0

10 9 8 7 6 5 4 25 26 27

Printed in the USA 40
First Spanish printing, 2023
Designed by Katie Fitch

A

Holly, Josh, Lucas y Sienna Fisher

y a

Nicole, Greg y Eleanor Weddig

# CAPÍTULO 1

LUNES, 23 DE JULIO DE 2018
UN BOSQUE EN EL NORTE DE CALIFORNIA
ALREDEDOR DE LAS 8:00 A.M.

Josh contempló horrorizado el resplandor rojo sangre que se elevaba detrás de él. Un incendio forestal masivo estaba arrasando el bosque como un muro de llamas que lo devoraba todo a su paso. Josh y su prima Holly corrían por sus vidas.

—¡Josh! —gritó Holly, agarrándole la mano—. ¡Por aquí!

Mientras corrían por el sendero del bosque, los golpeó una fuerte ráfaga de viento caliente. De repente había chispas por todas partes y los trozos de madera ardiente se arremolinaban a su alrededor. Josh los sintió aterrizar sobre su piel desnuda, sobre sus brazos y piernas, chisporroteando contra la piel, abrasándole el cuero cabelludo. El chico trató de apartar las chispas con las manos, pero el fuego lo mordía como un monstruo con colmillos muy calientes.

Josh y Holly corrieron más de prisa, pero el muro de llamas se acercaba a sus espaldas. Las chispas parecían llover por todas partes, propagando el incendio dondequiera que aterrizaban.

En las copas de los árboles.

*¡FIUUM!*

En las ramas.

*¡FIUUM!*

En el suelo del bosque.

*¡FIUUM!*

Con cada ráfaga de viento, más brasas se arremolinaban. Las llamas se elevaban más y más alto hacia el cielo. Una pesadilla de ruidos le inundó los oídos al chico. El rugido del fuego, el gemido del viento, el chasquido de los árboles. Era como si el aire chillara en agonía.

Josh miró a su alrededor, intentando respirar en medio del espeso humo. Minutos antes, el bosque había sido pacífico y verde. Ahora era un aterrador laberinto de llamas.

¿Cómo podía cambiar todo tan rápido?

Entonces:

*¡Buum!*

Un árbol estalló frente a ellos y miles de astillas salieron volando. Holly trató de empujarlo a un lado, pero Josh tropezó. El chico alzó la vista justo a tiempo para ver una rama incendiada que surcaba el aire en su dirección.

# CAPÍTULO 2

DOCE DÍAS ANTES
MIÉRCOLES, 11 DE JULIO DE 2018
NORTH CREEK, NUEVA JERSEY
ALREDEDOR DE LAS 2:00 P.M.

Josh atrapó el balón y corrió dribleando por la cancha. Su equipo estaba perdiendo por dos puntos y solo faltaban unos segundos para que terminara el partido. Un chico enorme no se le quitaba de encima tratando de robarle el balón, pero Josh no se lo permitió. Se dio la vuelta y lanzó el balón justo cuando sonaba el pitazo.

*¡Zas!*

¡Anotó tres puntos! Habían ganado.

Josh se dejó caer de rodillas, feliz. Sus compañeros de equipo se le acercaron para felicitarlo y abrazarlo.

—¡No hay quien te pare! ¡Qué tiro! —le dijo Greg al salir de la cancha.

—Tú también jugaste bien —le dijo Josh, rodeando con un brazo los delgados hombros de su mejor amigo.

Josh miró hacia las gradas, deseando que su papá hubiera estado allí para ver esa última jugada. Se iba a volver loco de alegría cuando supiera que había anotado un triple en el último segundo del partido. Llevaba meses practicando ese tiro en la entrada de la casa, siempre con su padre a su lado, animándolo.

—¡Vamos! *Mírame*, ¡tú puedes! —le gritaba su papá.

Su padre siempre le decía que podría hacer cualquier cosa que se propusiera. Él había crecido prácticamente en la miseria y ahora, después de mucho esfuerzo, era uno de los mejores empleados en un banco de Nueva York. Todos adoraban a Tim Wallace, y Josh lo admiraba más que nadie en el mundo.

El chico recogió sus cosas y se despidió del entrenador.

—¿Quieres que te lleve? —le preguntó Greg al salir al estacionamiento.

—No te preocupes —respondió Josh, y chocó palmas con su amigo—. Seguro que mi mamá ya viene en camino.

Sin embargo, pasaron cinco, diez minutos, y nada. Todos se marcharon y la mamá de Josh no aparecía por ninguna parte. No se sentía bien esa mañana y por eso no había venido al partido, pero Josh hubiera jurado que le había dicho que lo recogería.

Le envió un mensaje de texto, pero ella no respondió.

Estaba a punto de llamar a su papá cuando cambió de idea. Su padre trabajaba hoy desde casa y estaba estresado por un asunto importante. Sabía que no debía molestarlo.

"¿Y si voy caminando?", se preguntó.

La casa quedaba como a una milla de distancia y caminar no era el fin del mundo. Le envió otro mensaje a su madre comunicándole el plan, se colgó la mochila al hombro y se puso en marcha por la acera de la sombra de la concurrida calle.

Hacía un calor espantoso. Nadie recordaba un verano tan insoportable. Josh pateó una piedra y se imaginó que se le venía encima una ola del mar que lo bañaba. En realidad, ahí era donde tendría que estar ahora mismo, chapoteando en alguna playa de la costa de Nueva Jersey. Por lo general en julio pasaba dos semanas en un hotel en la playa con sus padres. Sin embargo, un par de semanas atrás estos le dijeron que tenían que cancelar el viaje.

—Chico, lo siento —le dijo su papá—. Tengo mil cosas en el trabajo.

Josh todavía no lo podía creer. Volvió a patear la piedra, recordando la piscina del hotel, que tenía un tobogán y un trampolín altísimo.

No obstante, comprendía por qué no podían ir. No era posible ser una superestrella de las finanzas como su padre si faltabas al trabajo para irte a la playa. Al menos tenían una piscina en la casa. No tendría tobogán, pero aun así era genial.

Finalmente llegó a su vecindario de grandes y hermosas casas ocultas tras vallas y muros de piedra. Sonrió al imaginarse lo que le diría su papá cuando le contara del triple que había encestado.

—¡Así se hace, campeón! —exclamaría el hombre.

Josh dobló la última esquina y se detuvo en

seco. El corazón se le aceleró en cuanto divisó su casa. Había dos autos estacionados en la entrada.

Eran autos de policía.

En un segundo le vinieron mil cosas a la mente: ventanas rotas; charcos de sangre; cuerpos mutilados.

Pero nada podría haberlo preparado para lo que vio. Comenzó a estremecerse como si lo pellizcaran por todo el cuerpo. Su mamá estaba parada en la puerta de la casa con cara de espanto mientras dos policías acompañaban a un hombre hacia uno de los autos.

El hombre iba esposado.

Y era su papá.

# CAPÍTULO 3

SEIS DÍAS DESPUÉS

MARTES, 17 DE JULIO DE 2018

EN UNA CARRETERA LLENA DE CURVAS

EN EL NORTE DE CALIFORNIA

ALREDEDOR DE LA 1:15 P.M.

## Residente de Nueva Jersey ha sido detenido

**Tim Wallace, de 42 años, residente de North Creek, Nueva Jersey, fue detenido el miércoles por la tarde. Se le acusa de haber robado millones de dólares del banco en el que trabajaba desde hacía 15 años.**

**La policía detuvo a Wallace en la casa que comparte con su esposa, Trish, y su hijo de 11 años...**

—Josh —le dijo su mamá, mirándolo—. No leas esas noticias. Te vas a deprimir.

—Lo siento, mami —dijo Josh, y dejó caer el teléfono en el regazo.

Su madre tenía razón. Los artículos sobre su papá estaban llenos de mentiras. Por supuesto que su padre no se había robado ningún dinero. Se trataba de una confusión, algún problema con las computadoras. Su papá decía que eso pasaba constantemente.

La policía debió darse cuenta enseguida de que había cometido un error. Había permitido que su papá volviera a casa apenas unas horas después de arrestarlo. Él solo tendría que ir a la corte y explicarle al juez lo que había sucedido, o algo por el estilo. Lo importante era que muy pronto todo se aclararía.

Su mamá fue a agarrarle la mano, pero Josh la apartó. Por supuesto que quería mucho a su madre, no había nadie como ella, pero no le gustaba que lo acariciara. La miró detenidamente.

Estaba despeinada y tenía ojeras. La pobre, parecía estresada.

—Olvídate de esos artículos —dijo la mujer—. ¿Acaso no fue para eso que vinimos hasta acá?

Estaban en medio de la nada en alguna región remota de California. Esa mañana habían llegado al aeropuerto de Sacramento y desde entonces habían estado conduciendo. Iban a visitar a unas primas de su madre que vivían en un pueblito. Su mamá pensaba que sería bueno alejarse de todo mientras se resolvía el asunto de su papá.

—Nos iremos de aventuras —le había dicho.

Josh había pensado que se irían a la playa como siempre, pero su mamá había decidido que era el momento perfecto para visitar a su prima Nicole y a su hija Holly, que tenía la misma edad que él. Josh sabía que su mamá y Nicole habían sido grandes amigas cuando eran niñas, pero hacía años que no se veían y ella ni siquiera conocía a Holly en persona.

Su madre le había mostrado una foto de la chica, y la verdad es que parecía simpática, pero por lo que le había contado no creía que tuvieran mucho en común. A Holly le gustaba la naturaleza, y aunque él no tenía nada contra los árboles y le encantaba treparlos, prefería los animales. Pero, sobre todas las cosas, prefería jugar videojuegos en lugar de morirse de aburrimiento en medio de la nada.

¿Y dónde vivían exactamente esas primas?

Josh miró por la ventanilla del auto. Parecía que atravesaban un bosque. Agarró el teléfono con firmeza. Al menos podría ver los resultados de los Yankees y hablar por FaceTime con Greg y su papá cada vez que quisiera.

Apoyó la cabeza en la ventanilla. Se estaba quedando dormido cuando su madre lo sacó del embeleso.

—¡Josh! ¡Mira eso!

El chico miró boquiabierto el paisaje. Todavía conducían por el bosque, pero ahora los árboles parecían muertos. No tenían ni una rama y estaban ennegrecidos y retorcidos, como si una bruja hubiera embrujado cuanto árbol hubiese por millas a la redonda.

El chico sintió un escalofrío de pies a cabeza.

¿Y aquí qué pasó?

# CAPÍTULO 4

—Seguro hubo un incendio forestal —dijo su mamá—. Ha habido muchos últimamente en California.

La madre redujo la velocidad y Josh trató de asimilar lo que veía a su alrededor. Había visto algunos videos de incendios forestales: llamas que se elevaban hacia el cielo, mucho humo, aviones que arrojaban agua y espuma roja brillante. Pero nada de eso le había parecido real. Más bien le recordaba películas de ciencia ficción o, incluso, videojuegos. Nunca había pensado en lo que realmente significaba que ardiera un bosque entero.

No podía creer la magnitud del desastre... porque debía de haber miles de árboles muertos. Los árboles parecían esqueletos carbonizados con brazos huesudos. Se alegró cuando finalmente se alejaron de la zona y volvieron a estar rodeados de verde.

Un poco más adelante, estacionaron el auto frente a una tiendita de comestibles.

—Parece que hubo un incendio en esta zona —le dijo la mamá de Josh a la señora de la caja registradora.

—Sí —dijo la mujer, cobrando las papitas y las botellas de agua—. Ocurrió en julio de 2015. El bosque ardió durante una semana.

—¡Madre mía!

—También se quemaron algunas casas —añadió la mujer, negando con la cabeza—. Cada vez hay más incendios, tanto aquí en California como en otros lugares.

—Pero ¿por qué? —preguntó la mamá de Josh.

—No sé decirle, pero el clima está como loco —dijo la mujer, metiendo las cosas en una bolsa de papel—. Últimamente los veranos son más largos y calurosos. Apenas llueve.

—El clima en Nueva Jersey también está un poco raro.

"Definitivamente", pensó Josh, a quien no solo los veranos le parecían cada vez más insoportables. Los inviernos también eran un desastre. Un día te congelabas de frío y al siguiente te morías de calor.

Se despidieron de la mujer y salieron de la tienda. Josh estaba abrochándose el cinturón de seguridad cuando sonó su teléfono. Contestó pensando que era su papá, pues habían estado comunicándose todo el día, pero era Greg.

—Hola. ¿Estás vivo? —preguntó su amigo.

—Apenas —respondió Josh.

Mientras hablaban, visualizó la sonrisa bobalicona de Greg. Habían sido amigos desde preescolar y, aunque le caía muy bien, el chico podía ser un poco tonto.

Un par de noches atrás habían estado jugando videojuegos y devorando papitas fritas y galletas cuando Greg le dijo que no se preocupara mucho por su papá, que seguramente no iría a la cárcel por mucho tiempo.

Josh no podía creer que hubiese dicho semejante tontería.

—Fue una broma —aclaró Greg rápidamente.

—Ya lo sé —dijo Josh—, pero no me dio ninguna gracia.

Su mamá y su papá estaban demasiado preocupados como para bromear sobre el arresto de su padre.

—Disculpa —añadió Greg.

Por un segundo, Josh temió que se echara a llorar.

—Olvídalo —dijo, dándole un empujoncito a su amigo.

Josh sabía que Greg no quería arruinar la noche y no valía la pena molestarse con él.

La verdadera pena era que no estuviese aquí para acompañarlo. Este viaje sería mucho más divertido con él.

Por un buen rato estuvieron enviándose mensajes de texto sobre los Yankees hasta que Greg tuvo que marcharse.

"No te diviertas demasiado", le escribió en el último mensaje.

Josh le respondió con un emoticono con los ojitos saltones y la lengua afuera.

Una hora más tarde, su mamá se salió de la carretera principal y se internó por un camino de tierra. Avanzaron a trompicones, adentrándose cada vez más en el bosque. Finalmente, llegaron a una casita blanca.

—Qué linda —dijo la mujer cuando salieron del auto.

Josh pensó lo mismo. La casa tenía un porche con una mesa y dos mecedoras. Había macetas de flores por todas partes y un montón de pájaros piaban y revoloteaban alrededor. El chico pensó que esta bien podría ser la casa de un cuento de hadas. Es más, esperaba que en cualquier momento Ricitos de Oro abriera la puerta.

Escucharon las voces de una mujer y una chica que provenían de la parte trasera.

—¿Por qué no sacas las maletas del auto y

las llevas al porche? Yo iré a buscar a Holly y a Nicole —dijo la mamá.

El chico buscó su bolso y la maleta de su madre y los llevó al porche. Luego regresó al auto y se puso a observar los alrededores.

No se veía una canasta de baloncesto por ninguna parte y dudó que hubiese una piscina. De pronto sintió que el alma se le caía a los pies. Lo esperaba una semana muy aburrida.

Sacó el teléfono del bolsillo, puso cara de fastidio y se tomó un selfi para enviárselo a su papá.

"Saludos desde el fin del mundo", escribió en un mensaje de texto, pero cuando trató de enviarlo, no pudo.

Se quedó congelado mirando la pantalla del teléfono... ¡No había señal!

Entonces fue que lo oyó.

*Hissssssssssssssss.*

Josh volteó la cabeza y el corazón se le detuvo. A unos pies de distancia había un lagarto enorme con la piel moteada de marrón y negro. Medía al menos seis pies de largo, tenía la cabeza alargada y una cola inmensa. Parecía una especie olvidada de dinosaurio.

Fuera lo que fuera, se movía muy rápido, con las mandíbulas abiertas y los colmillos refulgiendo bajo el sol.

Y corría directamente en su dirección.

# CAPÍTULO 5

Josh no lo pensó dos veces y echó a correr.

—¡Para! —gritó una voz.

El chico se detuvo en seco, pero perdió el equilibrio, cayó hacia adelante y rodó por la hierba seca de color marrón. Antes de que pudiera ponerse de pie ya la bestia estaba allí, muy cerca de su cara temblorosa, mirándolo con unos brillantes ojitos amarillentos. Josh se preparó para que le arrancara la nariz de cuajo. Cerró los ojos y contuvo la respiración.

Pasó un segundo. Dos segundos.

*¡Fifffffftttt!*

Algo suave le rozó la mejilla. Josh abrió un ojo.

De la boca de la bestia salió disparada una larga lengua en forma de horquilla, tan rosada como un chicle.

*¡Fifffftttt!*

Al chico le sorprendió la suavidad de la lengua al contacto con su piel.

El lagarto lo miró amablemente, como si le estuviera diciendo "Hola".

Una chica de pelo castaño rizado se les acercó. Josh reconoció a Holly de la foto que le había mostrado su mamá. La chica iba descalza y llevaba unos pantalones cortos descoloridos y una camiseta con un panda en el frente. Tenía una plumita roja en el pelo alborotado. Josh pensó que ambos no se parecían en nada.

—Lo siento —dijo Holly, tratando de recuperar el aliento—. No creo que te haya mordido. Los varanos de sabana suelen ser inofensivos, pero nunca se sabe.

Josh observó a la criatura que tenía delante mientras se ponía de pie.

—Soy Holly, en caso de que no lo hayas

adivinado —dijo la chica, sonriendo. Se apartó un rizo que le cubría los brillantes ojos verdes y señaló al lagarto—. Esta belleza se llama Burbuja.

¿Burbuja?

Josh no lo podía creer.

—¿Es... una... mascota? —preguntó.

Le parecía genial que alguien tuviera ese lagarto de mascota. Ya se moría de ganas de contárselo a Greg y al resto de sus amigos. Es más, ¡su papá tendría que comprarle uno! Le pondría LeBron, lo sacaría a pasear por la calle y ¡todos se morirían del susto! Quizás Holly era más simpática y divertida de lo que había imaginado.

—No, para nada —dijo Holly, negando con la cabeza—. Burbuja no es una mascota. A nadie se le debería permitir tener animales salvajes en la casa.

—Entonces... ¿por qué tienes uno? —preguntó Josh.

—Alguien lo compró y luego probablemente lo abandonó en el bosque —dijo Holly, mirando

con tristeza al animal—. Seguramente habría muerto si no lo hubiesen encontrado y traído aquí. Normalmente estos reptiles no sobreviven nuestros inviernos. Por fortuna tenemos un pequeño refugio para reptiles que mantenemos con la ayuda de algunos amigos aquí mismo en la casa.

"¿Un refugio para reptiles en la casa?", pensó Josh. Eso era algo inimaginable en Nueva Jersey.

—El refugio de animales del pueblo acepta

perros y gatos, pero no reptiles —dijo Holly—. Por eso nosotros los acogemos siempre y cuando no sean venenosos ni agresivos. Nos ocupamos de ellos hasta que les encontramos un hogar, como un refugio de animales salvajes o un zoológico donde los traten bien.

"Qué idea tan... rara, pero chévere", pensó Josh.

Holly le contó que los varanos como Burbuja eran nativos de África e Indonesia.

—No debería estar aquí —dijo—. Pero hoy en día se puede comprar cualquier cosa en internet: pitones, lagartos, anacondas. Es una locura. La gente no se da cuenta de que las pitones pueden llegar a medir veinte pies de largo y los lagartos pueden crecer tanto como... Burbuja.

El varano alzó un poco la cabeza.

"¿No te parezco preciosa?", parecía preguntar.

Josh le pasó ligeramente la mano por la cabeza. Había pensado que la piel del reptil sería resbaladiza y babosa, pero la sintió cálida y sorprendentemente suave, como un balón de fútbol.

*¡Fiffffffttttt!*

El varano le dio otro beso al chico, pero esta vez en la pantorrilla.

Holly y Josh caminaron hacia la sombra. La chica no paraba de hablar de los diferentes tipos de lagartos. Josh pensó que hablaba tanto como una cotorra, pero al menos todo lo que decía era interesante.

—Algunos reptiles son realmente agresivos —explicó Holly—, pero los varanos de sabana como Burbuja son tranquilos y muy inteligentes.

—¿Tienen más reptiles? —preguntó Josh esperanzado, mirando alrededor.

—En estos momentos solo tenemos a Burbuja y a... King Kong, una pitón de Birmania.

—¿Una de esas serpientes gigantes?

Holly asintió.

—Mide unos doce pies de largo. ¿Quieres conocerla?

—¡Claro! —exclamó Josh.

Burbuja corrió tras ellos sobre sus patitas rechonchas. Parecía un golden retriever, uno con escamas y lengua bífida. Josh pensó que era... *¿linda?*

—Le gustas —dijo Holly.

"Genial", pensó el chico. Nadie se atreve a meterse con alguien que anda con un lagarto gigante.

Pasaron por delante de un huerto y entraron en un pequeño garaje.

Holly señaló el recinto donde vivía Burbuja. Era un área cercada cubierta de arena. Tenía ramas y piedras y una pequeña piscina de plástico llena de agua en una esquina.

Al otro lado del garaje había otro recinto cercado, pero este tenía una puerta altísima de plexiglás.

—Te presento a King Kong —dijo Holly, señalando una enorme serpiente verde y dorada que descansaba sobre un tronco.

Josh le echó un vistazo a la serpiente y por poco vomita. El reptil tenía la mitad de la piel desprendida, como si fuera un calcetín viejo a medio poner.

—¿Qué le pasa? —preguntó asustado.

—Oh, está mudando la piel. Todos los reptiles lo hacen. Muy pronto la perderá por completo y volverá a ser bonita —respondió Holly, y miró a la serpiente con rostro apenado—. Aunque la pobre no lo está pasando muy bien —añadió.

El chico observó a King Kong y se alegró de que los humanos no tuvieran que mudar la piel.

Un minuto después su madre se apareció en el garaje acompañada de una mujer alta con gafas moradas. John supuso que sería Nicole. Tenía el pelo como Holly, pero con canas.

—¡Te encontré! —dijo Nicole, corriendo hacia Josh.

La mujer abrazó al chico y le sonrió como si lo conociera de toda la vida. La mamá de Josh también sonreía de oreja a oreja, probablemente por primera vez en muchos días.

—Encantado de conocerte, Ni... tía Nicole.

Josh sabía que técnicamente eran primos, pero se trataba de una mujer de unos cuarenta años, como su mamá, y le pareció apropiado llamarla "tía". Tan apropiado como inapropiado fue el ruido que hicieron sus tripas en ese mismo momento.

—¡Ay, debes de tener hambre! —exclamó Nicole.

—Menos mal —dijo Holly—, porque mi mamá lleva días preparando comida para ti —añadió, poniendo los ojos en blanco.

Josh se rio.

—No sabía si te gustaban los brownies o las magdalenas o las galletas con chispitas de chocolate —le dijo Nicole a Josh—, así que hice de todo.

—Genial. ¡Muchas gracias!

Josh miró a su alrededor. Este lugar era muy... diferente.

Pero para estar en medio de la nada, no le pareció tan malo.

# CAPÍTULO 6

TRES NOCHES DESPUÉS
VIERNES, 20 DE JULIO DE 2018
CASA DE HOLLY
ALREDEDOR DE LAS 6:30 P.M.

Josh extendió la mano para servirse otro taco.

—¡Josh! —exclamó su mamá, y se echó a reír—. ¡Ese es el tercero!

—El cuarto —respondió el chico, y le sonrió a tía Nicole—. Estos son los mejores tacos que he comido en mi vida.

*¡Fifffftttt!*

Una lengua rosada salió de la nada y atrapó en el aire un pedacito de lechuga que se había caído del taco de Josh.

—Parece que a Burbuja también le gustan los tacos —dijo la mamá del chico.

Todos se rieron, y Josh sintió un calorcito que lo recorría de pies a cabeza. Su mamá había tenido razón al querer venir a este lugar. Extrañaba mucho a su papá y le parecía raro no poder enviarle mensajes de texto a Greg veinte veces al día, pero su madre había vuelto a ser la de antes y él se sentía más calmado que una semana atrás.

Miró a Holly y la chica le sonrió. Definitivamente no se parecían en nada. Holly nunca había jugado un videojuego en su vida, y aunque podía nombrar todos los pájaros que pasaban volando, no conocía ni un solo jugador de baloncesto.

—¿Quién es ese? —le había preguntado el otro día, señalando la camiseta que él llevaba puesta.

—¿Nunca has oído hablar de LeBron James? Es el mejor jugador de la NBA.

—No me interesa el baloncesto —le había respondido ella, encogiéndose de hombros.

Josh se limitó a negar con la cabeza. ¿Qué más podía hacer?

Sin embargo, de algún modo se llevaba bien con su prima y, lo que le parecía incluso más sorprendente, no se aburría en este lugar a pesar de no haber televisión ni videojuegos ni YouTube. Holly y él se pasaban casi todo el día cuidando a Burbuja y contemplando a King Kong, atiborrándose de brownies y galletas y vagando por el bosque que había detrás de la casa.

Ahora salir a hacer senderismo no le parecía una locura. Al principio había sentido un poco de miedo al estar solo en medio de un bosque tan grande. Se la pasaba recordando una película que él y Greg habían visto en la que dos niños se perdían en el bosque y sobrevivían comiendo saltamontes y musgo durante semanas.

Pero Holly sabía muy bien lo que hacía. Cuando salían a caminar y explorar al bosque siempre llevaban galletas y limonada. A veces veían cosas asombrosas, como una araña enorme cubierta de pelo o un halcón que volaba con un ratón entre las garras.

Era una pena que no los dejaran bañarse en el río. Holly decía que era demasiado peligroso nadar sin que los vigilara un adulto, lo que él opinaba era muy mala onda. Había una tirolina sujeta a un árbol inmenso que cruzaba de una ribera a la otra. Si la piscina de su casa hubiese tenido una tirolina como esa, Greg y él se pasarían las veinticuatro horas del día tirándose de ella a la piscina. Pero a Holly eso no le llamaba la atención. ¡No se había subido a ella ni una sola vez!

Josh estaba terminando de comer arroz con frijoles cuando una camioneta roja polvorienta llegó zumbando por el camino de tierra.

—¡Son Lucas y Eleanor! —exclamó Holly, y salió corriendo a saludar a los recién llegados.

—Les caerán bien —dijo tía Nicole—. Son amigos nuestros y nos ayudan con el refugio de reptiles. Eleanor se crio con Héctor.

Josh sabía que Héctor era el papá de Holly. Sabía que había muerto de cáncer hacía unos tres años porque su mamá se lo había dicho. Holly había mencionado su nombre varias veces, y cada vez que lo hacía su voz sonaba entre orgullosa y triste. Debió de haber sido un gran padre.

Eleanor abrazó a Josh y lo saludó alegremente. Lucas se midió un poco más, pero fue igualmente amistoso.

—¡Siéntense a cenar! —dijo Nicole, haciendo espacio en la mesa para poner dos platos más.

Eleanor negó con la cabeza.

—Nos encantaría, pero estamos muertos de cansancio y necesitamos una ducha —dijo—. Seguramente apestamos a humo.

—Acabamos de terminar un turno en la estación de bomberos —explicó Lucas—. Cuatro días de servicio sin un minuto de descanso.

"¡Vaya, bomberos!", pensó Josh.

—Y tenemos que regresar mañana —dijo Eleanor—. Solo pasamos a dejarle la cena a King Kong.

La mujer mostró una caja de zapatos sellada con cinta adhesiva y agujeros en la parte de arriba. Josh escuchó unos chillidos provenientes del interior de la caja.

*Chiii, chiii, chiii.*

—Le trajimos una suculenta rata para la cena —añadió Lucas—. Alguien la atrapó en la despensa de la estación.

Holly miró a Josh, y el chico hizo una mueca. Por una parte, le agradaba la idea de que King Kong se alimentara bien, pero por otra sentía pena por la rata. Era una lástima que a las serpientes no les gustaran los tacos.

—A King Kong le encantará —le dijo Holly a Lucas—. Está un poco triste porque está mudando la piel.

—Bueno, esperemos que esta rata la anime un poco. Vuelvo enseguida —dijo Lucas; agarró la caja y salió rumbo al garaje.

Eleanor se sentó a la mesa y Josh aprovechó para servirse otro taco. Apenas lo había probado cuando escuchó a Lucas.

—¡Oigan! ¡Vengan rápido!

Todos se pusieron de pie y corrieron al garaje. Burbuja salió detrás de Josh, como un cachorro detrás de su amo.

El chico se preparó para ver algo espantoso. Sabía que King Kong era generalmente tranquila, pero Holly le había dicho que las pitones podían ser muy peligrosas. No eran venenosas como las serpientes de cascabel o las cobras. Las pitones asfixiaban a sus presas hasta matarlas. También tenían mandíbulas fuertes y colmillos afilados.

Encontraron a Lucas delante del recinto de King Kong. Se veía bien. No parecía que la serpiente hubiese tratado de morderlo o estrangularlo. Sin embargo, su rostro reflejaba preocupación.

—¿Qué pasa? —preguntó Nicole, mirando a su alrededor.

Lucas se limitó a señalar hacia el recinto.

Josh buscó a la serpiente, pero esta no estaba sobre el tronco ni tumbada en su lecho de hojas.

De alguna manera, la enorme pitón había desaparecido.

# CAPÍTULO 7

—Miren esto —dijo Lucas unos minutos después desde una esquina del recinto de la pitón—. Hay una tabla suelta en el suelo. King Kong debe de haberla levantado con la cabeza y haberse escapado por ahí.

Metieron a Burbuja en su recinto y comenzaron a buscar a la serpiente. Josh usó un rastrillo para remover con cuidado los arbustos alrededor del garaje. Entrecerraba los ojos, tratando de divisar a la pitón bajo el resplandor de la tarde. La piel verde y amarillenta de King Kong era casi del mismo color que la hierba seca que rodeaba la casa.

Se encontraba buscando entre unos arbustos en la parte más alejada de la propiedad cuando Nicole los llamó desde el comedero de pájaros.

—Encontré algo.

Todos se reunieron a su alrededor y la mujer levantó lo que parecía un calcetín beige muy largo, seco y arrugado.

—¡Finalmente terminó de mudar la piel! —exclamó Holly.

Nicole asintió.

—La encontré en la tierra.

—Probablemente por eso se escapó —dijo Holly—. A las pitones les resulta más difícil mudar la piel cuando están en cautiverio. Necesitan reptar por la tierra para arrancarse la piel vieja.

Josh recordó que Holly le había dicho que a las pitones les encantaba moverse de un lado a otro. La pobre King Kong se había pasado toda su vida encerrada, primero cuando vivía con su antiguo dueño y ahora en el recinto del garaje. Holly y Nicole la cuidaban bien, pero al parecer eso no era suficiente. El chico apretó el mango del rastrillo al darse cuenta de que su prima tenía razón. Era una crueldad mantener animales salvajes en cautiverio.

Holly agarró con cuidado la piel arrugada que sujetaba su madre.

—La guardaré de recuerdo —dijo.

"Vaya", pensó Josh.

Las serpientes eran chéveres, pero conservar esa piel de serpiente era como guardar las uñas de los pies o algo parecido. De ninguna manera le gustaría tenerla en su casa. Su mamá lo miró y él supo que ella opinaba lo mismo.

Holly guardó la piel de King Kong en el garaje y siguieron buscando un rato más. Cuando oscureció, Nicole los reunió a todos.

—No la vamos a encontrar en la oscuridad —dijo—. Seguramente encontró un agujero o una madriguera donde acurrucarse bajo tierra. Desafortunadamente, un conejo o una marmota se llevará una terrible sorpresa al regresar a casa, pero estoy segura de que a King Kong no le pasará nada. Ningún animal se atreverá a meterse con ella.

—Pero ¿qué tal si la encuentra un puma? —preguntó Holly preocupada.

—¡¿Hay pumas por aquí?! —soltó Josh asustado.

—Sí, pero no atacan a nadie —dijo Lucas—, y estoy casi seguro de que los pumas son demasiado listos como para meterse con King Kong.

Mientras avanzaban en la oscuridad, Josh miró hacia atrás, al bosque que parecía no tener fin.

King Kong debía de estar allí, y los pumas también.

¿Qué más acechaba en el bosque?

Se estremeció y caminó un poco más rápido hacia la casa.

# CAPÍTULO 8

Nicole convenció a Lucas y a Eleanor para que se quedaran a cenar, y muy pronto todos estuvieron reunidos alrededor de la mesa del porche. Lucas y Eleanor comieron tacos, arroz y frijoles, y los demás se sirvieron un dulcísimo flan. Nicole encendió las velitas que había esparcidas por la mesa y todos brindaron por el regreso de King Kong.

—¿Por qué no nos cuentan de su trabajo? —dijo la mamá de Josh dirigiéndose a Lucas y a Eleanor—. Debe de ser emocionante ser bombero.

—Nos encanta —dijo Eleanor, con los ojos brillantes—. Aunque, para ser honesta, digamos que estamos *más* ocupados de lo usual. Todavía no ha llegado la temporada de incendios, que comienza en agosto y termina a finales del otoño, y ya hemos tenido algunos incendios forestales bastante grandes. Lo que pasa es que los bosques están demasiado secos y polvorientos porque hace mucho calor y no llueve.

Josh se acordó del bosque quemado que habían visto en la carretera.

—¿Apagan incendios forestales? —preguntó.

Se había imaginado que el trabajo de Lucas y Eleanor consistía en apagar incendios en las casas, como los bomberos de su ciudad, no incendios forestales. Le parecía un trabajo increíble y estaba seguro de que a su papá le encantaría conocerlos.

—Así es. Somos bomberos forestales —dijo Lucas, entretenido con un taco—. Trabajamos para el Departamento Forestal de California.

—Nuestra base aérea está a unas diez millas de aquí —añadió Eleanor.

—¿Base aérea? —dijo Josh.

—Nuestro departamento tiene una pequeña fuerza aérea para combatir los incendios forestales

—dijo Eleanor, llevándose una cucharada de arroz con frijoles a la boca—. Tenemos veintidós bases en todo el estado, unos cien aviones. Solemos ser los primeros en llegar cuando se declara un incendio forestal.

La mujer sacó el teléfono y mostró una foto de un enorme avión de propulsión a chorro.

—Este es el avión cisterna DC-10 —dijo—. Puede sobrevolar un incendio y arrojar unos doce mil galones de agua o retardante de fuego... esa sustancia roja que ayuda a que no se propaguen los incendios.

Josh recordó el video que había visto en el que un avión parecía estar pintando el cielo con pintura roja.

—Y mira esta —dijo Eleanor sonriente—. Este es nuestro helicóptero Huey, un Bell UH-1H. En mi opinión, es el mejor helicóptero que existe. Lo utilizamos para transportar bomberos, arrojar agua y, a veces, para rescatar personas.

Josh miró atentamente la foto del helicóptero rojo y blanco. Había una persona saludando en la cabina.

—¿Esa eres tú? —le preguntó a Eleanor.

—Eleanor es una de las mejores pilotos del estado —dijo Lucas orgulloso.

—¡Increíble! —soltó Josh emocionado—. Siempre he querido montar en helicóptero.

Eleanor se levantó la manga de la camiseta y le mostró el tatuaje de un pequeño helicóptero que tenía en el hombro.

Josh sonrió, pero entonces se imaginó cómo sería pilotar un helicóptero en medio de un incendio, y la idea lo aterrorizó.

—¿Nunca has sentido... miedo? —preguntó su mamá, leyéndole la mente.

Eleanor asintió.

—Constantemente, pero Lucas y los bomberos en tierra son los que corren más peligro al combatir los incendios de cerca. Sobre todo en estos grandes incendios que hemos tenido últimamente —explicó Eleanor, y miró a Lucas.

—Cada vez son peores —dijo el hombre—. Más grandes, más siniestros, más difíciles de controlar.

Las velitas titilaron un poco más.

—¿Creen que eso se deba al cambio climático? —volvió a preguntar la mamá de Josh.

El chico recordó a la mujer con la que habían hablado en la tienda de comestibles.

—El cambio climático tiene mucho que ver —dijo Lucas, alzando el vaso de limonada—. Los veranos son más largos y más calurosos, y el aire, más seco. Pero también existen otras razones. Cada vez más, las personas están construyendo casas en lugares remotos. Antes, la mayoría de los incendios eran provocados por rayos. Ahora casi siempre son las personas las que los provocan.

—También muchos bosques están llenos de maleza y árboles muertos —añadió Eleanor—. La mayoría de los bosques no han tenido *suficientes* incendios forestales. Me refiero a esos pequeños incendios que limpian los bosques.

—¿Por qué pasa eso?

—Desde hace unos cien años la política en todo Estados Unidos ha consistido en luchar contra los incendios forestales, sin importar qué tipo de incendio sea. Parece una decisión inteligente,

¿verdad? Pero lo cierto es que los bosques necesitan incendios para mantenerse saludables.

—No entiendo —dijo Holly, acomodándose en la silla.

Josh tampoco entendía. ¿Acaso los incendios no eran siempre perjudiciales?

Lucas señaló el plato con arroz y frijoles que tenía delante.

—Imaginen que esto es un bosque con todo tipo de árboles. Algunos están sanos, mientras otros están enfermos o muertos, lo cual es normal. Si se produjera un incendio en un bosque como este, las llamas eliminarían los árboles enfermos, pero los árboles sanos y fuertes sobrevivirían. —Empujó la mitad del arroz con frijoles hacia un lado y luego extendió lo que quedaba por el resto del plato—. Después de un incendio, los árboles que quedan siempre son los más saludables.

Eleanor se inclinó hacia delante.

—Pero como dije antes, a algunos de nuestros bosques no se les ha permitido arder en cien años —agregó—. Los bosques están sobrecargados de maleza. Así que ahora cuando ocurren incendios, estos son más grandes porque tienen mucho más que quemar. Los incendios son enormes, y tan intensos que incluso la mayoría de los árboles saludables no tiene la más mínima posibilidad de sobrevivir.

Josh se quedó mirando el plato de Lucas y comprendió lo que acababa de escuchar.

—Y como casi no llueve, todo lo que se necesita es una chispa para que comience un incendio —dijo el hombre—. Ayer alguien estaba fumando en una ruta de senderismo, no me pregunten por qué, y dejó caer un poco de ceniza en la maleza. Al momento toda la ladera estaba en llamas. Por suerte llegamos rápido y apagamos el incendio antes de que se extendiera. De no haber sido así, el bosque habría ardido y quizás también los pueblos de los alrededores.

Josh recordó de nuevo los árboles que había visto en la carretera.

—Cuando veníamos del aeropuerto pasamos por un bosque quemado —dijo.

—Qué cosa tan horrible —añadió su mamá—. Atravesamos millas y millas de árboles muertos.

Lucas y Eleanor se miraron.

—Ese fue el Incendio River Complex. El Departamento Forestal les pone nombre a los incendios más grandes —dijo Lucas—. Ese fue uno de los peores incendios que hemos combatido.

—¿Ayudaron a apagarlo? —preguntó Josh asombrado.

—Apenas salimos con vida —dijo Eleanor.

—Nunca nos han contado esa historia —dijo Nicole.

—No sé si... —dijo Lucas, negando con la cabeza.

—Me gustaría oírla —dijo Josh rápidamente.

Nicole, Holly y la mamá de Josh asintieron, también deseosas de escucharla, así que, al resplandor de las velas, Eleanor y Lucas contaron la historia de aquel terrorífico día.

# CAPÍTULO 9

—El incendio ocurrió hace tres años, en julio de 2015 —dijo Eleanor, y sus ojos comenzaron a divagar, como si su mente viajara al pasado—. Una chica que estaba haciendo senderismo divisó un fuego en las montañas. Llamó al 911 y ellos nos llamaron a nosotros. En cinco minutos, Lucas y el resto del equipo de tierra estaba a bordo del helicóptero: eran diez bomberos en total. Los transporté a la montaña, listos para empezar a trabajar.

—El trabajo en tierra consiste en contener el incendio e impedir que se propague —explicó

Lucas—. Pero cuando estamos en una montaña o lejos de la carretera, no tenemos agua ni mangueras. Los camiones cisterna no llegan hasta allá arriba y tampoco hay hidrantes, así que usamos motosierras, hachas y sierras para tumbar árboles y remover maleza. Eso es lo que se llama construir un cortafuegos: un camino de tierra de unos dos o tres pies de ancho alrededor de un incendio. —Lucas tomó el tenedor y dibujó un círculo en el plato—. Tratamos de eliminar el combustible que el incendio necesita para propagarse. Un incendio es como un animal hambriento. Se alimenta de árboles y maleza... ese es su combustible. Si eliminas el combustible, el incendio se debilita y muere.

"Como aquella vez en la práctica de baloncesto cuando no había desayunado", pensó Lucas. Ese día corrió tanto que casi se desmaya. Greg prácticamente tuvo que cargarlo para sacarlo de la cancha.

—La mayoría de los incendios no causan problemas y los apagamos rápidamente —continuó Lucas—. Al principio, este incendio no nos preocupaba mucho. Todo marchaba bien hasta que comenzaron a soplar los vientos de Santa Ana, que son vientos muy fuertes y cálidos.

—Vientos del Diablo —susurró Eleanor.

Josh se estremeció.

—Los vientos avivaron las llamas —dijo Lucas—. En diez minutos el incendio había triplicado su tamaño. Podíamos verlo a lo lejos, un resplandor de color naranja cada vez más grande y brillante. El viento era tan fuerte que esparcía las chispas por todos lados y levantaba grandes trozos de madera y ceniza. Estas bombas incendiarias comenzaron a caer a nuestro alrededor. Sabíamos que teníamos que salir de allí, y rápido. Pedimos ayuda por radio y Eleanor vino a buscarnos.

Lucas contaba tan bien lo sucedido que Josh prácticamente podía ver las imágenes en su mente, imágenes mucho más aterradoras que las que podría haber visto en cualquier video. Veía las llamas, escuchaba el ruido del helicóptero Huey y el rugido del incendio, y casi podía sentir el viento cálido en la cara.

—El incendio todavía estaba a media milla de distancia, así que pude aterrizar el Huey —dijo Eleanor—. Lucas y el resto del equipo subieron a bordo, pero ahora el viento soplaba más fuerte, a unas sesenta o setenta millas por hora. Ni siquiera el Huey puede despegar con tanto viento. Las llamas comenzaron a rodearnos y nos encontramos atrapados.

Josh sintió que el corazón se le desbocaba. Recordó una vez cuando él y su mamá estaban montando bicicleta y un auto golpeó la bicicleta de su mamá. Su madre se cayó y se hirió la pierna. Nunca había sentido tanto miedo en su vida. Pero aunque multiplicara ese miedo por diez, no creía que se acercara a lo que sentiría en medio de un incendio.

—En un incendio forestal como ese —dijo Lucas—, tienes que salir corriendo. Pero cuando las llamas se mueven tan rápido, es imposible huir. En ese caso es necesario encontrar un espacio abierto sin árboles ni nada que pueda arder, algo así como un estadio o un gran estacionamiento.

—O un río —interrumpió Holly.

Eleanor sonrió.

—Qué chica tan lista —dijo—. Un río ancho puede ser un excelente cortafuegos, pero a veces ni eso funciona cuando los incendios son muy grandes y el viento sopla demasiado fuerte. He visto llamas saltar de una ribera a la otra, y el humo puede ser tan denso que...

—Entonces, ¿qué se puede hacer? —la interrumpió Josh.

—A esas alturas sabíamos que teníamos que abandonar el Huey y nuestra única esperanza eran los refugios contra incendios —dijo Lucas—. Todos llevamos uno atado a la mochila, doblado en un rectángulo del tamaño de una caja de zapatos.

Lucas les dijo que los refugios contra incendios parecían sacos de dormir o tiendas de campaña ligeras, pero que estaban hechos de un tejido que podía resistir temperaturas de hasta ochocientos grados Fahrenheit.

—Te envuelves en el refugio contra incendios, te tiras al suelo boca abajo y te tapas bien para que el fuego no te arranque el refugio cuando te pase por encima.

Josh no lo podía creer.

—¿Te tumbas... en medio del fuego? —dijo, y se retorció un poco en la silla.

—Así es —dijo Eleanor.

—¿Y funciona? —preguntó la mamá de Josh.

—La mayoría de las veces —dijo Lucas—. Pero tienes que asegurarte de que el suelo esté limpio. Solo puede haber tierra o rocas, nada de plantas que puedan arder, porque si el fuego se te mete por debajo, el refugio se derretirá. Incluso si existe un huequito por donde el viento pueda colarse, este te arrancará el refugio y los gases calientes...

Todos hicieron silencio por unos segundos.

—No sabíamos a dónde ir —continuó Lucas—. Entonces vi unos ciervos que corrían colina abajo. También ardillas y conejos. Los animales siempre saben qué hacer en un incendio. Corrimos en la misma dirección que ellos y llegamos a un terreno despejado justo a tiempo para meternos en nuestros refugios contra incendios...

Su voz se entrecortó, y Eleanor retomó el relato.

—Nos acostamos en el suelo y nos apiñamos. Solo pasaron unos segundos cuando escuchamos el fuego acercarse a nosotros. El ruido se parece al de un avión que está a punto de aterrizar. En ese momento las llamas están encima de ti. El fuego te saca el aire de los pulmones, te quema la garganta. Te sientes como si te estuvieran cocinando vivo. Lo único que quieres es levantarte y echar a correr, pero si lo haces...

Josh cerró los ojos y trató de no pensar. No podía imaginar lo que era estar boca abajo en el suelo con el fuego encima de uno.

—¿Cuánto tiempo se quedaron así? —preguntó la mamá de Josh.

—Un minuto, quizás menos, pero me parecieron horas —dijo Lucas.

—Qué horrible.

—Así fue. Hemos pasado por incendios terribles, pero ese todavía me da pesadillas.

—Sin embargo, algo muy especial ocurrió ese día —dijo Eleanor—. Desde entonces, nuestro equipo está más unido que nunca. Nos apoyamos

CAL
FIRE

unos a los otros, nos ayudamos. Y ahora... —la voz se le entrecortó, como si no supiera cómo explicar lo que sentía.

—Sentimos un lazo, como si una cuerda invisible nos uniera para siempre —añadió Lucas.

—Así es —dijo Eleanor, y sonrió.

Josh creía conocer esa sensación. La había sentido después de un duro partido de baloncesto, cuando él, Greg y el resto de su equipo lo habían dado todo en la cancha. Todos se sentían más unidos después de luchar juntos.

Terminaron de cenar en silencio y se despidieron de Lucas y Eleanor.

Esa noche, mientras trataba de conciliar el sueño, Josh repasó en su mente lo que había escuchado una y otra vez.

Le parecía imposible que el fuego pudiera pasarle a alguien por encima y aun así sobrevivir.

Sin embargo, acababa de conocer a dos personas que lo habían logrado.

# CAPÍTULO 10

LUNES, 23 DE JULIO DE 2018
ALREDEDOR DE LAS 7:15 A.M.
CASA DE HOLLY

El lunes por la mañana, Josh se despertó temprano. Su mamá dormía profundamente en la cama al lado de la suya. El chico miró su bolso de lona, que estaba en el suelo. Al mediodía, él y su mamá saldrían rumbo al aeropuerto y volarían de regreso a Nueva Jersey.

Holly lo había ayudado a empacar la noche anterior.

—Burbuja te va a extrañar —le había dicho su prima mientras doblaba una camiseta—. Seguramente tratará de meterse en el bolso.

—Nada me gustaría más —dijo Josh, sonriendo al imaginarse la cola del lagarto saliéndose del equipaje—, pero no creo que la seguridad del aeropuerto lo deje pasar.

Los dos se echaron a reír.

Josh se revolvió en la cama y pensó que extrañaría mucho a Burbuja. Ya echaba de menos a King Kong —la serpiente aún no había aparecido—, pero también se moría de ganas de volver a su vida normal. Quería ver a su papá, jugar al baloncesto con Greg y nadar en la piscina.

Permaneció así unos minutos más, pensando en el interminable viaje que lo esperaba. Finalmente se levantó. Iría a buscar a Burbuja y esperaría en el porche a que todos se levantaran.

Se vistió y bajó a la cocina. Su tía Nicole había horneado magdalenas de arándano la noche anterior. Tomó una y le dio un mordisco.

"¡Qué delicia!", pensó, y se llevó el resto a la boca.

Se estaba sirviendo otra magdalena cuando vio la *laptop* de su tía sobre la mesa.

La miró, pensando en los Yankees. ¿Cómo no se había preocupado por buscar los resultados de los partidos en toda la semana?

Se sentó a la mesa y se limpió las manos. Sabía que a su tía Nicole no le importaría que usara la computadora. Después de unos cuantos clics, tuvo los resultados delante.

¡Los Yankees le habían dado una paliza a los Red Sox la noche anterior!

Leyó sobre un par de partidos más y luego, sin pensarlo, escribió en el buscador el nombre de su papá. Estaba seguro de que ya nadie escribía esos artículos de basura.

Por eso casi se atraganta al leer el titular del primero que encontró:

**Tim Wallace, banquero de Nueva Jersey, condenado a ocho meses de cárcel**

Josh soltó una carcajada.

¡Qué chistoso! Si alguien debía ir a la cárcel, era

el autor de ese artículo. Entonces se dio cuenta de que se trataba del *New York Times*.

El *New York Times* no era un periódico de pacotilla. Sus padres siempre decían que era el mejor periódico del mundo. ¿Qué estaba pasando?

Empezó a leer, pero enseguida escuchó voces. Su mamá, tía Nicole y Holly estaban despiertas y se dirigían a la cocina.

Echó la silla hacia atrás y se levantó de un salto. Se apresuró a entrar en el bañito que había al lado de la cocina y cerró la puerta con cuidado.

La cocina se llenó de voces.

—¿Panqueques o tortilla? —preguntó su tía Nicole.

El refrigerador se abrió y se cerró.

—A Josh le gustan los panqueques —dijo Holly.

—¿Y dónde *está* Josh? —preguntó la mamá del chico—. Pensé que estaría aquí abajo.

—Faltan dos magdalenas, así que debe de haber pasado por aquí —dijo Nicole sonriendo.

—Apuesto a que está con Burbuja —dijo Holly—. Iré a buscarlo.

La puerta chirrió al abrirse y luego se cerró de golpe.

Josh sentía que se asfixiaba en el bañito. El sudor le corría por la espalda. Tenía que salir de allí cuanto antes. Estaba a punto de halar la cadena para despistar cuando oyó a Nicole.

—Trish, ven acá.

—¿Pasa algo?

—Este artículo del *New York Times* estaba abierto en mi computadora. Es sobre Tim.

Josh se quedó congelado. Había dejado el artículo abierto en la computadora.

—Es de esta mañana —dijo Nicole—. Alguien debe de haber usado la computadora antes de que bajáramos.

—¿Crees que haya sido Josh?

El chico se estremeció, como cuando el auto golpeó la bicicleta de su mamá o cuando vio que se llevaban a su papá esposado.

Se hizo un silencio. Solo se escuchaba el zumbido de una mosca en la ventana. Josh se imaginó a su madre y a Nicole sentadas frente a la computadora.

—Tengo que llamar a Tim —dijo finalmente la mamá con la voz llena de preocupación—. Pensábamos contárselo todo a Josh cuando volviéramos.

"¿Contarme todo?", se preguntó el chico. ¿Acaso ya no lo sabía *todo*?

Recordó la broma de Greg. Le había dicho que su padre seguramente no iría a la cárcel por mucho tiempo. Aunque quizás no había sido una broma. Quizás Greg sabía algo que él desconocía. De repente, no sabía qué creer.

Tomó aire, se preparó y abrió lentamente la puerta del baño. Cuando entró en la cocina, su tía Nicole se sobresaltó, como si hubiera salido de un armario en lugar del baño.

—¿Es cierto lo que dice el artículo? —le preguntó Josh a su mamá en un tono de voz más alto de lo usual—. ¿Es cierto que papá se robó ese dinero?

—Josh... —comenzó a decir su madre, poniéndose de pie y acercándose a él—. No se robó el dinero. Es cierto que violó algunas leyes, pero no es lo que supones.

—¿Irá a la cárcel?

—¿Por qué no llamamos a tu padre? Él te lo explicará todo. Ya verás...

—Mamá, dímelo tú —dijo Josh, tratando de no llorar—. ¿Irá a la cárcel?

La voz de su madre se convirtió en un susurro.

—Sí —respondió—. Irá a la cárcel.

# CAPÍTULO 11

Josh abrió la puerta de la cocina y salió corriendo por el césped. Oyó que su mamá lo llamaba. Holly salió del garaje en ese mismo momento.

—¡Josh! No lo vas a creer. ¡King Kong ha vuelto! Entré al garaje...

Pero él siguió corriendo, sin mirarla.

—¿Adónde vas? —gritó la chica.

Josh atravesó corriendo el enorme césped del patio, bajó la colina y finalmente se adentró en el bosque. Comenzó a seguir una de las rutas de senderismo.

"Más rápido —se dijo, rozando las ramas de

los pinos que bordeaban el sendero y saltando por encima de una rama seca—. ¡Mucho más rápido!".

Pero no importaba lo rápido que corriera, de ningún modo podría escapar de la horrible verdad.

Su padre, su héroe, era un criminal.

Corrió hasta que no pudo más. Se internó tanto en el bosque que no veía la casa a través de los árboles. Estaba más lejos de lo que él y Holly habían llegado jamás. Se detuvo, tambaleándose,

y se tiró al suelo entre dos grandes pinos. Se quedó allí sentado, jadeando.

Mil cosas le pasaban por la mente. El cuento del fallo en las computadoras era mentira. El viaje a California. Todo era una gran mentira.

Su mamá no lo había traído aquí para que vivieran una aventura emocionante. Habían venido para estar en medio de la nada. Este era uno de los pocos lugares donde sus padres podían aislarlo de todo: de las noticias, de los mensajes de sus amigos, de la verdad.

Se sentía tan ofuscado que no oyó los pasos de Holly, pero ahora la chica estaba frente a él, con la cara brillante por el sudor e intentando recuperar el aliento.

Josh le dio la espalda.

"Ella también debe de saber la verdad", pensó. Probablemente sus primas estuvieran al tanto de todo.

—Por favor, vete —le dijo, secándose las lágrimas y haciendo señas para que se marchara—. Quiero estar solo.

Todavía no podía creer que su papá fuera un

ladrón. ¿Cómo era posible? ¿Cómo podía ser un criminal?

Josh recordaba como su papá había cuidado a su mamá después del accidente en bicicleta, como la cargaba por las escaleras y le cocinaba sus comidas favoritas. También recordaba el vozarrón de su padre animándolo mientras practicaba baloncesto en la entrada de su casa. Podía verlo sonreír con esa sonrisa suya que lo hacía sentir que podía lograr cualquier cosa.

Sin embargo, ahora esa persona había desaparecido.

Holly se le acercó.

—Josh, ¿qué te pasa? —preguntó—. ¿Estás bien? ¿Estás enfadado conmigo? ¿Te hice algo malo?

El chico la miró. Holly parecía tan confundida que era posible que no supiera nada.

Su prima se sentó en el suelo junto a él y lo miró llena de curiosidad.

Josh pensó que quizás no estuviera fingiendo. Habían pasado juntos cada instante de la última semana. Dudaba que Holly pudiera guardar un secreto tan grande por tanto tiempo, así que decidió soltarlo todo: el cuento horrible del arresto de su papá, las mentiras, el artículo del *New York Times*.

—Irá a la cárcel —dijo finalmente.

Los ojos de Holly se abrieron de par en par.

—¿A la cárcel?

Josh asintió, y se dio cuenta de que comenzaba a calmarse. Ahora solo sentía una gran tristeza. Se sentía más triste que nunca.

—¿Oíste que King Kong volvió? —dijo Holly, tratando de distraerlo—. Qué cosa tan rara. Entré al garaje buscándote y me la encontré en el tronco como si nada.

La chica le sonrió, pero Josh desvió la mirada. Por supuesto que se alegraba de que la serpiente hubiese regresado, pero estaba seguro de que nunca más volvería a sonreír.

Estuvieron sentados así un largo rato, mirando los árboles. Finalmente, Holly se le acercó.

—Cuando mi papá murió, nuestra vida cambió —susurró—. Vivíamos en la ciudad y mi mamá trabajaba de abogada. Yo asistía a una escuela privada.

Josh la miró.

—¿En serio? —preguntó. No se imaginaba a Holly viviendo en otro lugar que no fuera este.

—Eleanor era muy amiga de mi papá —dijo Holly—. Ella vivía aquí, y fue quien nos convenció de que nos mudáramos a este lugar. Al principio lo detestaba. Solo deseaba regresar a mi vida normal. —Hizo una pausa, pero enseguida continuó—: Solo después de un tiempo me acostumbré. No fue fácil empezar de nuevo, pero lo conseguí. Fue como... como mudar la piel, ¿no crees?

"No lo sé", pensó Josh. A veces su prima decía cosas incomprensibles para él.

Pero en lugar de seguir hablando, Holly se puso en pie y miró alrededor.

—¿Qué pasa? —preguntó Josh, al ver la expresión de la chica.

—¿No sientes ningún olor? —preguntó ella, olfateando el aire.

—¿A qué?

Holly miró a Josh.

—A humo.

# CAPÍTULO 12

Josh se levantó y olfateó el aire. Apenas sentía un ligero olor a humo.

—¿Crees que sea una fogata? —preguntó.

Se imaginó a un grupo de chicos exploradores sentados alrededor de una fogata, cocinando huevos y salchichas para el desayuno.

Holly negó con la cabeza.

—Ahora mismo no se le permite a nadie hacer una fogata. El riesgo de provocar un incendio es demasiado alto —dijo, mirando a su alrededor—. Creo que hay un incendio forestal en alguna parte.

Josh sintió que el corazón se le aceleraba.

Holly miró hacia arriba y Josh siguió su mirada. Era imposible divisar nada en medio del bosque. Los árboles se alzaban imponentes por encima de ellos, impidiéndoles ver el cielo y todo lo que los rodeaba.

—Probablemente esté lejos de aquí —dijo la chica—. Constantemente sentimos olor a humo. El incendio podría estar a unas diez millas.

Josh asintió, rezando por que fuera cierto.

Holly olfateó el aire otra vez.

—El olor es cada vez más fuerte, ¿no crees?

Josh alzó la nariz.

—No lo creo —dijo.

El olor no había desaparecido, pero tampoco era más fuerte. Le parecía más o menos igual.

—Bueno —dijo Holly—. Regresemos a casa.

Josh no se iba a poner a discutir.

Tomaron el sendero estrecho rodeado de pinos rumbo a la casa. Sus pasos crujían sobre las agujas de pino secas que cubrían el suelo.

Holly no desviaba la vista del camino, y Josh volvió a pensar en su papá y en su propia casa. A estas alturas todos sabrían que su padre iría a la cárcel. ¿Cómo su mamá y él podrían regresar allí? ¿Qué clase de vida los esperaba?

De repente, un viento cálido le secó las lágrimas y algo le cayó en la cabeza. Al instante sintió un dolor punzante, como si le hubiera picado una avispa gigante.

—¡Ay! —gritó, sacudiéndose lo que le había caído en la cabeza, pero no era un insecto sino un pedacito de corteza rojo brillante.

Holly y él lo contemplaron aterrizar sobre un montón de ramas secas.

*¡Fiuum!*

Las hojas se incendiaron de inmediato.

La chica se abalanzó sobre las llamas como si estas fueran su peor enemigo. Las pisoteó con sus zapatillas viejas hasta que se apagaron.

—¿Ves más? —preguntó, volviendo a mirar hacia todos lados.

Josh negó con la cabeza.

—Menos mal —suspiró Holly, aliviada.

"¿Qué fue eso?", se preguntó Josh.

Entonces recordó lo que Lucas había dicho la

otra noche, que durante los incendios forestales el viento soplaba y transportaba pedazos de madera ardiente provocando nuevos incendios. Así que este incendio... no podía estar muy lejos.

De pronto tuvo la sensación de que el pedacito de corteza tenía la misión de encontrarlos, que en realidad se trataba de un globo ocular que los vigilaba.

—Apurémonos —dijo Holly.

Comenzaron a caminar más rápido, y por primera vez Josh observó el bosque que los rodeaba. Recordó lo que Eleanor había dicho: que algunos bosques estaban en mal estado. Ahora sabía a qué se refería. Los árboles estaban unos encima de los otros con las ramas enredadas. Muchos parecían enfermos. Se veían raquíticos, con las ramas desnudas y la corteza desprendida. Cada pedacito de suelo del bosque estaba lleno de hojas secas, ramas y agujas de pino. Pensó en la rapidez con que el trocito de corteza había encendido un montón de hojas, y un escalofrío le recorrió la espalda. Sin embargo, no se dejó llevar por el pánico.

“Estamos en California, no en Nueva Jersey”, se dijo.

En este lugar los incendios forestales eran algo normal, y la mayoría se apagaba rápidamente. ¿Acaso eso no fue lo que dijeron Lucas y Eleanor? En California los incendios eran como las tormentas de nieve en Nueva Jersey. Cada cierto tiempo había una tormenta de nieve monstruosa que provocaba que todo se cerrara, pero la mayoría de las veces solo caían unas cuantas pulgadas de nieve y ni la escuela se suspendía.

Sentía que estaba comenzando a calmarse cuando escucharon una especie de gruñido tras ellos.

Holly y él se quedaron congelados. Se miraron y se voltearon.

En el sendero había un puma agazapado.

# CAPÍTULO 13

Josh no lo podía creer. Estaba demasiado sorprendido como para emitir sonido alguno.

Holly le agarró la mano.

—No te muevas —le susurró.

Incluso a veinte pies de distancia, el chico podía apreciar los fuertes músculos del puma bajo su corto pelaje dorado.

El animal los miró fijamente y soltó un gruñido estremecedor.

*¡Ruahhhhhhhhhhh!*

A Josh se le heló la sangre cuando vio al puma levantarse del suelo y caminar en dirección a ellos.

Agarró bien a Holly y la sacó de un empujón del sendero. O tal vez fue Holly la que lo empujó a él. Aun así, se preparó para sentir las feroces garras y los colmillos afilados del puma.

Pero el animal pasó corriendo junto a ellos. Josh lo miró a los ojos mientras pasaba, y su mirada no le pareció feroz, sino atemorizada.

Justo entonces, una enorme bandada de pájaros pasó volando y cuatro ardillas se les acercaron corriendo.

Los animales corrían en la misma dirección que el puma.

Holly se alegró al verlos, pero su expresión cambió al escuchar un nuevo ruido, un rugido crepitante que crecía a su alrededor. Josh se dio cuenta de inmediato de que esta vez no se trataba de un animal.

Los chicos se voltearon y enseguida divisaron un resplandor naranja que crecía en la distancia.

Se miraron boquiabiertos.

El incendio los había encontrado.

El resplandor se fue haciendo cada vez más

grande hasta formar un muro, un muro de llamas que se acercaba a ellos.

—¡Corre! —gritó Holly, agarrándole la mano.

Corrieron a toda velocidad, pero apenas habían dado diez pasos cuando los golpeó una fuerte ráfaga de viento. De repente había chispas por todas partes y los trozos de madera ardiente se arremolinaban a su alrededor.

Josh soltó la mano de Holly y trató de apartar las chispas con las manos, pero el fuego lo mordía como un monstruo con colmillos muy calientes.

Sin embargo, las chispas no estaban interesadas en él ni en su prima, sino en los árboles, las ramas caídas y las agujas de pino que cubrían el suelo. Parecían llover por todas partes, propagando el incendio dondequiera que aterrizaban.

En las copas de los árboles.

*¡FIUUM!*

En las ramas.

*¡FIUUM!*

En el suelo.

*¡FIUUM!*

Los chicos comenzaron a correr de nuevo por el sendero. Zigzagueaban de un lado a otro cada vez que surgía un nuevo incendio en su camino. Con cada ráfaga de viento, el gigantesco muro de llamas se acercaba más, y el ruido... el ruido era ensordecedor.

Josh escuchaba el rugido del fuego, el soplido del viento y el crujido de las ramas de los árboles incendiados. El ruido que provocaba el incendio era más fuerte que cualquier otro que hubiese escuchado jamás. Era como si el aire chillara en agonía.

Tres ciervos pasaron disparados junto a ellos por fuera del sendero. Holly le agarró el brazo a Josh.

—¡Sigámoslos!

El chico recordó lo que Lucas había dicho acerca de los animales y los incendios forestales. El puma debió de saber que había un incendio antes que ellos, igual que los otros animales. Quizás estos ciervos sabían cómo escapar.

—¡Van en dirección al río! —gritó Holly.

"¡El río! ¡Qué inteligentes!", pensó Josh.

Se internaron entre los árboles con la esperanza de que el incendio no pudiera cruzar la corriente. Se trataba de un incendio natural, tal y como Lucas y Eleanor lo habían descrito, y el agua quizás podría protegerlos de las llamas.

Corrieron más rápido.

Entonces:

*¡Buum!*

Un árbol estalló frente a ellos y miles de astillas salieron volando. Holly trató de empujarlo a un lado, pero se le resbaló la mano. Josh alzó la vista justo a tiempo para ver una rama incendiada que surcaba el aire en su dirección.

# CAPÍTULO 14

Josh se echó a un lado para evitar el impacto de la rama, pero al pasar esta junto a él, un trozo de corteza le cayó en el brazo. El dolor que le recorrió el cuerpo fue como una descarga eléctrica.

—¡Ahhhhhhh! —gritó, y se tiró al suelo.

Sentía la corteza pegada a la carne. Sin pensarlo, levantó la mano y se la arrancó de la piel. Inmediatamente la lanzó al suelo, y la corteza crujió y siseó como una rata rabiosa.

Ahora tenía los dedos quemados.

Se sentó, aturdido y tembloroso. El dolor que sentía no se parecía a nada que hubiera sentido jamás. Era como si le hubieran arrancado la carne del hueso y la estuvieran asando. Los dedos le palpitaban como si se hubiera pinchado con mil agujas. Deseaba hacerse un ovillo y dejar que el dolor lo venciera por completo.

Pero Holly estaba a su lado. La chica pisoteó la corteza encendida y se agachó y le agarró la mano, sin darse cuenta de que la tenía quemada.

Josh chilló de dolor.

—Me quemé la mano y el brazo —gritó.

—Pero no podemos parar. Vamos —dijo Holly.

Josh quería seguir adelante, pero el dolor era más fuerte que él. Estaba seguro de que no podría ponerse en pie, mucho menos correr.

Su prima lo agarró suavemente por la otra mano y lo levantó. Se quedó muy cerca de él por unos segundos.

—Sé que te duele, pero puedes lograrlo —dijo.

Josh recordó lo que siempre decía su papá y, de algún modo, se las arregló para impulsar su cuerpo hacia adelante y correr de nuevo. Siguió a Holly, con los ojos ardiéndole a causa del humo y la ceniza. Zigzaguearon alrededor de las ramas ardientes y los pequeños fuegos desperdigados por el suelo.

En el cielo volaban cientos de pájaros que huían del incendio. Otros animales también corrían por el bosque. Un conejo saltó delante de ellos, y las ardillas corretearon entre sus pies.

—¡Ya falta poco para el río! —gritó Holly, tosiendo por el humo—. Está al otro lado de la colina.

El calor era insoportable. Josh sentía que el suelo le quemaba los pies a través de las zapatillas. Prácticamente podía sentir que la sangre le hervía dentro de las venas.

¿Cuánto calor podía soportar el cuerpo humano? No tenía idea, pero no creía poder soportar mucho más. Sentía que la piel se le iba tostando y que se asfixiaba con cada bocanada de humo que respiraba. Debían de faltar unos minutos para que el muro de llamas los alcanzara.

Subieron la colina corriendo frenéticamente.

—¡Lo logramos! —dijo Holly al llegar a la cima, pero enseguida gritó—: *¡Nooo!*

Delante de ellos había una fila de arbustos

incendiados, una valla de fuego que los separaba del río. Josh volteó la cabeza. Las llamas se extendían varios pies en todas las direcciones.

Estaban atrapados.

El chico recordó los refugios descritos por Lucas. ¡Si tan solo tuvieran uno de esos! Pero no tenían nada para protegerse.

De repente, un ciervo se acercó corriendo por detrás de ellos, saltó por encima de los arbustos y cayó al agua.

*¡Esplás!*

Holly se quedó mirando al ciervo y se volvió hacia Josh.

—¡La tirolina! Estamos cerca de la tirolina —dijo.

—¿Qué tirolina? —preguntó Josh, confundido.

—Podríamos cruzar por encima de los arbustos. Nos lanzaremos al agua y cruzaremos el río nadando, como los ciervos. —Holly volteó la cabeza y entrecerró los ojos—. ¡Ahí está! —exclamó, señalando la cuerda.

A Josh le parecía un plan descabellado, pero era el *único* que tenían.

En un instante se pusieron en marcha, pero el chico solo pensaba en todo lo que podría salir mal. El camino podría estar bloqueado. Incluso, si lograban llegar hasta el árbol de la tirolina, este podría estar incendiado. Además, ¿cómo podría sujetarse con la mano quemada?

Intentó apartar los temores de su mente y se concentró en seguir a Holly. Tuvieron que cambiar de dirección en más de una ocasión para sortear los árboles incendiados y las ramas que se interponían en su camino.

—Allí está —dijo Holly finalmente, señalando el inmenso árbol.

Josh no podía creer que lo hubiesen encontrado. Contempló el cable que cruzaba por encima del río y vio que algunas ramas del árbol ardían, pero de algún modo el árbol se mantenía intacto. Casi se echa a llorar del alivio.

—Sígueme —dijo Holly, subiéndose a la rama más baja.

Josh trepó detrás de ella, aguantando el dolor de las quemaduras.

Se dio cuenta de que el árbol no era de hojas

perennes como los otros. Sus ramas no eran flacuchas ni estaban cubiertas de agujas de pino, sino que eran fuertes y sus hojas, grandes y de un verde brillante. La corteza del árbol parecía una armadura. Pensó en lo que Lucas les había dicho sobre los árboles frondosos que mantenían la humedad y eran capaces de resistir los incendios. Esperaba que este aguantara al menos unos segundos más.

Llegaron a la rama desde donde partía la tirolina, que parecía muy vieja. El mango de madera estaba desgastado y tenía un montón de hojas y ramitas pegadas. Josh se preguntó si funcionaría.

Holly le quitó las ramas al mango de madera y se sujetó a él.

—Tenemos que montarnos a la misma vez —dijo.

Josh asintió. Sabía que no les quedaba mucho tiempo.

Los chicos se miraron fijamente. Ambos sabían el peligro al que se enfrentaban.

¿Y si el calor del incendio había debilitado el cable de la tirolina y este se rompía antes de que llegaran al río?

El humo era sumamente denso y les resultaba imposible ver la otra ribera. Quizás el incendio estuviera ardiendo también del otro lado o incluso fuera peor. En ese caso no les quedaría más remedio que quedarse en el río y terminarían asfixiados por el humo.

Josh respiró hondo y alzó la mano. El brazo le palpitaba. El dolor le atravesó la mano cuando enroscó los dedos alrededor del mango de la tirolina junto a la mano de Holly.

—¡Vamos! —dijo la chica.

# CAPÍTULO 15

Se impulsaron y empezaron a volar. Fueron zumbando a lo largo de la cuerda. Por un momento pensaron que las llamas de los arbustos los alcanzarían, pero el cable resistió y lograron pasarlos. En segundos, estaban sobre el río.

—¡Déjate caer! —gritó Holly.

Josh abrió los dedos y cayó a través del humo.

*¡ESPLÁS!*

Prácticamente pudo oír el silbido que produjo su cuerpo caliente al golpear el agua fría, y en ese momento supo que mientras viviera nunca olvidaría la sensación de frescura del agua en la piel. Se sumergió, abajo, abajo, donde las llamas no podrían alcanzarlo, donde el rugido del fuego se sentía amortiguado.

Pero sus afectados pulmones no podían contener mucho la respiración. Unos segundos después estaba de nuevo en la superficie tragando humo. Las llamas, los trozos de madera incandescente y los pedazos de corteza ardientes se arremolinaban a su alrededor. Algunas chispas aterrizaron sobre él. Se las quitó de encima como pudo.

El humo no era tan denso cerca de la superficie del agua. Divisó algunos pequeños incendios al otro lado del río, pero nada comparado con el infierno del que acababan de escapar. La corriente era fuerte, pero no tanto como las del océano en la costa de Nueva Jersey, donde había aprendido a nadar. Podría superarla.

Sus esperanzas aumentaron.

Buscó a Holly, sorprendido de que no estuviera dándole órdenes. ¿Dónde estaba? Miró en todas las direcciones, buscándola. ¿Habría empezado a nadar hacia la otra orilla?

No. No se iría sin él. Vio algunos trozos de

madera flotando en el agua, pero ni rastro de su prima.

—¡Holly! —gritó.

Nadó de un lado a otro, sin dejar de buscar. Sus ojos volvían una y otra vez a lo que parecía una roca flotando en el agua, hasta que se dio cuenta de que las rocas no flotan. Allí estaba Holly.

Nadó hacia ella y le agarró los brazos por debajo del agua. Intentó sacarla, ¡pero estaba atascada!

Tomó aire y se sumergió. Buscó a tientas y vio que la pierna de su prima estaba atrapada por una rama. Necesitó zambullirse tres veces para liberarla. Entonces, rodeó a la chica con los brazos y la sacó a la superficie del agua.

¡Lo había conseguido!

Pero Holly estaba extrañamente callada y tenía la cabeza ladeada.

—¡Holly! ¡Holly! —gritó una y otra vez.

Pero su prima no abrió los ojos.

# CAPÍTULO 16

La mente de Josh daba vueltas, presa del pánico, mientras acomodaba las piernas bajo el agua, intentando mantenerse a flote a la vez que cargaba a Holly. En la escuela había aprendido qué hacer si alguien se atragantaba con comida. ¿Funcionaría la misma técnica cuando alguien se ahogaba? No importaba, tenía que intentarlo.

Volteó a Holly y la sostuvo contra su pecho. La rodeó con los brazos y la apretó con fuerza justo por debajo de la caja toráxica.

La chica comenzó a escupir agua, luego a toser y a tratar de tomar aire. Tosía con cada bocanada de humo que aspiraba, hasta que por fin abrió los ojos.

Pero algo no andaba bien.

—Mi pierna —se quejó Holly—. Creo que se me rompió un hueso. No puedo moverla.

Josh luchó por mantenerlos a ambos a flote sin perder de vista los pequeños incendios en la otra orilla del río. Cada vez se hacían más grandes. Si no se apresuraban, no lograrían salir con vida del bosque. Por un momento pensó que no lo conseguiría, pero enseguida sintió un torrente de energía. Recordó el partido de baloncesto en el que su equipo estaba perdiendo por dos puntos y el tiempo se agotaba. No había nadie a quien pasarle el balón y a él le tocó encestar el tiro de tres puntos.

Se viró como pudo en el agua, dándole la espalda a su prima.

—¡Súbete! ¡Sujétate de mí! —le gritó, sin pensarlo—. Te llevaré a la otra orilla.

Holly lo había guiado entre las llamas, lo había llevado hasta el río, lo había animado a cruzar sobre los arbustos ardientes, lo había levantado cuando estaba herido y lo había animado cuando él creía que no podría moverse. Ahora era su turno.

La chica le rodeó el cuello con los brazos y Josh comenzó a nadar.

El ejercicio era agotador, muy agotador. Tenía que patear constantemente y dar brazadas muy rápido con el único brazo sano para poder avanzar y mantenerse a flote. Necesitó cada onza de energía que le quedaba en el cuerpo, pero lo consiguió. Pulgada a pulgada, fue avanzando hasta que finalmente sus pies rozaron el fondo del río.

Sujetó a Holly y caminó tambaleándose rumbo a la orilla. Una vez que el agua le llegó a las rodillas, no pudo dar un paso más. El dolor en el brazo y la mano era insoportable, le temblaban las piernas y casi no podía respirar a causa del humo.

—Necesito... descansar... un minuto —gimió.

Pero los pequeños incendios seguían ganando fuerza. Las chispas saltaban de un árbol a otro sin parar.

*¡FIUUM!*

*¡FIUUM!*

*¡FIUUM!*

—No podemos quedarnos aquí —dijo Holly, leyéndole la mente.

—Vayamos hasta allí —dijo Josh, señalando un lugar a unas treinta yardas más arriba donde los árboles todavía no se habían incendiado—. Estaremos mejor allá arriba.

El chico se volteó para que su prima se le trepara a la espalda. En cuanto Holly se le encaramó encima, se tambaleó hacia adelante y rezó para que no le fallaran las piernas.

El fuego rugía, crepitaba y chillaba, pero entonces escucharon un nuevo ruido tras ellos.

*Taca. Taca. Taca.*

Josh pensó que solo una bestia feroz podría producir semejante sonido. Imaginó una criatura enorme irrumpiendo a través del muro de llamas, moviendo las mandíbulas sin parar y mostrando sus afilados colmillos. Temía darse la vuelta.

El viento cálido se arremolinó a su alrededor y el agua del río comenzó a formar pequeñas olas.

El monstruo se acercaba.

*TACA. TACA. TACA.*

—Josh, ¡mira! —le susurró Holly al oído.

El chico volteó la cabeza y vio que, efectivamente, algo enorme se acercaba, pero no era una bestia feroz sino un helicóptero blanco y rojo.

El corazón le dio un vuelco.

¡El Huey!

# CAPÍTULO 17

El helicóptero planeaba a baja altura en medio del río. La brillante luz que emitía atravesaba el humo. Una puerta se abrió y alguien saltó al agua.

Unos segundos después, Josh oyó una voz en medio de la oscuridad.

—¡JOSH! ¡HOLLY!

—¡¡¡LUCAS!!! —gritó la chica.

El hombre se acercó a ellos y los abrazó.

—Vamos —dijo—. No hay tiempo que perder.

—Holly se lastimó la pierna —dijo Josh rápidamente.

—¿Y tú? —preguntó Lucas.

—Tiene una quemadura muy fea en el brazo —dijo Holly.

—Pero no necesito ayuda —dijo Josh, sorprendiéndose a sí mismo con su respuesta.

El helicóptero se acercó a la orilla del río. Sus aspas parecían latir como un corazón. Alguien bajó una camilla atada a un cable.

Lucas amarró a Holly a la camilla y le hizo un gesto a Josh.

—¡Voy a subirla, pero enseguida volveré por ti! —le gritó al oído—. ¡Aguanta un poco más!

Lucas y Holly comenzaron a subir al helicóptero.

Josh sabía que su prima estaba malherida, pero la soledad le dolía más que las quemaduras. Le pareció que pasaban horas antes de que Lucas regresara por él.

El bombero le puso un enorme chaleco y lo sujetó bien.

—¡Es para que no te caigas! —gritó—. No te pasará nada.

Unos segundos después, ambos se elevaban en el aire.

Josh miró a su alrededor. Las llamas en esta ribera eran cada vez más grandes, y pensó que quizás podrían llegar hasta la luna e incendiarla.

El viento cálido soplaba con más fuerza, lo que provocaba que Lucas y él se balancearan salvajemente. Los árboles estallaban uno tras otro.

*¡BUM!*

*¡BUM!*

*¡BUM!*

Entonces, una ráfaga de viento despiadada rodeó al Huey. El helicóptero se tambaleó, y Josh cerró los ojos.

"Por favor, que no se caiga", pensó.

Pero el viejo helicóptero se mantuvo firme, y ambos lograron finalmente llegar hasta la puerta. Había un bombero esperándolos. Primero sacó a Josh del chaleco y luego ayudó a Lucas a entrar. La puerta se cerró de golpe.

En cuestión de segundos, Josh estaba atado a un asiento junto a la camilla de Holly, que tenía el rostro tenso por el dolor. Su prima tenía los ojos cerrados y las lágrimas le rodaban por las mejillas.

Josh sentía mucho dolor en las quemaduras, pero estaba seguro de que el dolor que Holly sentía era mucho peor.

Eleanor los miró fijamente desde el asiento del piloto.

—¡Sujétense bien! —gritó—. ¡Los voy a sacar de aquí!

El Huey avanzó hacia adelante durante unos segundos, bajando el morro a medida que ganaba velocidad. Luego se elevó tan rápido que Josh sintió que el estómago le daba un vuelco. Pensó en las veces que había deseado volar en helicóptero, pero nunca imaginó que lo haría en estas circunstancias. A su lado, Holly abrió los ojos y se acercó a la ventanilla.

—Mira —susurró.

A Josh se le aguaron los ojos al contemplar la escena a través del humo. El bosque estaba completamente incendiado a ambos lados del río. Los árboles en llamas parecían retorcerse con el viento mientras sus ramas se agitaban como si pidieran ayuda. A Josh le hubiese gustado poder rescatarlos. Muy pronto no quedaría nada con vida allá abajo, solo árboles esqueléticos y carbonizados.

Se inclinó hacia Holly y le agarró la mano.

El Huey dejó atrás el humo y no vieron nada más.

Josh cerró los ojos. Sentía el cuerpo entumecido y estaba más cansado que nunca.

Sin embargo, podía sentir la mano de Holly en la suya.

# CAPÍTULO 18

UNAS TRES SEMANAS DESPUÉS
CASA DE HOLLY

Había llamas por todas partes y los árboles estallaban. Corrió tan rápido como pudo, pero no sirvió de nada. Se cayó de espaldas y entonces...

*Fiffffffft.*

*Fiffffffft.*

Josh abrió los ojos de golpe.

Burbuja tenía la cabeza apoyada en la cama, muy cerca de su cara.

*Fiffffffft.*

El lagarto lo lamió una vez más. Parecía decirle "¡Vamos, despierta!".

Josh sintió que el corazón le latía con fuerza y se preguntó por cuánto tiempo más tendría estas pesadillas. Probablemente aún por mucho, mucho tiempo.

Acarició a Burbuja.

—Buenos días —le dijo.

*Fiffffffft.*

Se acababa de ganar un beso en la barbilla.

El chico miró a su alrededor y se dio cuenta de que afuera brillaba el sol. La cama de su mamá estaba arreglada y su maleta, empacada.

—¿Burbuja? ¿Dónde estás? —gritó Holly.

Un minuto después, la chica entró con muletas a la habitación. Era maravilloso ver que podía ir de un lugar a otro sin sentir dolor.

—Ya conoces las reglas —le dijo Holly a Burbuja—. ¡No se permiten varanos aquí arriba!

El reptil soltó un silbido y salió corriendo.

Josh y Holly soltaron una carcajada, pero enseguida volvieron a la realidad.

—Ojalá pudieras quedarte —dijo Holly, mirando la maleta.

—A mí también me gustaría —dijo él.

Los chicos se miraron, y Josh sintió que se le hacía un nudo en la garganta.

Holly no se parecía en nada a él. Sin embargo, se sentía muy unido a ella desde el incendio. Algo así como lo que les había pasado a Lucas y a Eleanor con su equipo después del Incendio River Complex. Holly y él se habían ayudado mutuamente y habían logrado salir juntos adelante.

Y esa sensación no tenía nada que ver con lo que sentía uno con respecto a su equipo después de ganar un partido de baloncesto. El baloncesto era importante para él, pero era solo un deporte. Desafortunadamente, la sensación de unidad se perdía una vez que pasaba la euforia de la victoria.

Pero Josh estaba seguro de que el lazo que lo unía a Holly duraría para siempre.

—¡Holly! ¡Josh! ¡A desayunar! —llamó Nicole.

—Ha llegado la hora del banquete de despedida —dijo Holly—. Mi mamá ha estado cocinando desde el amanecer.

Ambos rieron y Holly lo dejó para que se vistiera.

El olor a magdalenas y a tocino terminó de sacar a Josh de la cama. Sintió que las tripas le sonaban y se alegró de volver a sentir apetito y de poder tragar. El humo que habían aspirado durante el incendio les había afectado la garganta y los pulmones tanto a él como a Holly. Ambos habían estado muy enfermos.

Después de que el Huey aterrizara en la base aérea, los habían transportado al hospital. Holly necesitaba una cirugía de emergencia en la pierna y la quemadura que él tenía en el brazo era muy seria. Los médicos tuvieron que quitarle piel de la pierna para injertársela en el brazo. Su mano también necesitó tratamiento. Durante varios días, ambos tuvieron que usar máscaras de oxígeno para respirar. Ahora usaban inhaladores tres veces al día, pero continuaban mejorando.

Finalmente, los médicos dijeron que se había

recuperado lo suficiente como para poder viajar a Nueva Jersey. Su mamá había comprado los pasajes de avión hacía solo un par de días.

Josh se vistió y se puso las zapatillas contemplándose las feas cicatrices de las quemaduras en el brazo y la mano. Al menos ya no le dolían tanto.

Se puso de pie y miró por la ventana. El bosquecillo detrás la casa no se había quemado: el viento había cambiado de dirección durante el incendio y la casa de Nicole y Holly se había salvado.

El incendio, al que le pusieron el nombre de Carr Fire, se propagó muchísimo e incluso continuaba ardiendo en algunos lugares. Más de mil bomberos de todo el estado y del país, entre ellos Lucas y Eleanor, seguían combatiéndolo.

Los bomberos comenzaban a controlarlo, pero seguía siendo peligroso. Ya había destruido casi doscientos mil acres y había llegado hasta la ciudad de Redding, donde había quemado mil casas. Ocho personas habían fallecido a causa del siniestro.

Mientras tanto, se había declarado otro gran incendio al norte de donde se encontraban.

El año 2018 era ya uno de los peores en cuanto a incendios en la historia de California y, como había dicho Lucas, todavía no había llegado la temporada de incendios.

Después de desayunar, Trish y Nicole se encargaron de llevar las maletas al auto. Josh y Holly fueron a despedirse de King Kong. La

serpiente había vuelto a su recinto por la misma vía por la que había escapado, por el agujero del suelo. (Por supuesto, ¡Nicole mandó a taparlo en cuanto el animal regresó!).

Josh se quedó observando al reptil que se enroscaba alrededor del tronco. Su piel verde amarillenta brillaba bajo el sol. Se despidió de la serpiente y se dirigió al recinto de Burbuja. Entró y se inclinó para darle un último beso al lagarto.

*Fiffffft.*

Burbuja ronroneó bajito. Parecía estarle deseando buena suerte. A Josh no le importó que Holly viera como le corrían las lágrimas.

Los chicos salieron del garaje y se dirigieron al auto. Nicole le dio a Josh un fuerte abrazo y le entregó una bolsa.

—Aquí tienes unas cuantas docenas de galletas, brownies y magdalenas. Deberán durarte hasta que llegues a Nueva Jersey.

—O al aeropuerto —bromeó Holly.

—Vamos a necesitar un poco más de la cuenta —dijo la mamá del chico—. He oído que hay mucho tráfico a causa de los incendios.

Josh gimió al pensar en el interminable viaje que lo esperaba, y tampoco tenía muchas ganas de llegar a su casa.

Le dio a Holly un último abrazo, y luego él y su mamá se subieron al auto.

—Ahí tienes un regalo —le dijo Holly, señalando una caja de zapatos que había en el asiento trasero del auto—. Es de mi parte. Ábrelo cuando ya estén en la carretera.

La madre de Josh arrancó el auto y se alejaron.

—¡Nos vemos el Día de Acción de Gracias! —gritó Holly.

Ya Nicole había comprado los pasajes para ir con su hija a Nueva Jersey.

El auto avanzó por el sinuoso camino de tierra. En cuanto se alejaron un poco, Josh comenzó a pensar en su papá. Su padre lo había visitado en el hospital, pero al mes siguiente tendría que presentarse en la cárcel. Tuvo que pedir un permiso especial para que lo dejaran montarse a un avión para venir a verlo.

Su papá se había quedado en la habitación del hospital con él, durmiendo en una silla. Al principio, Josh lo había tratado como si fuera un extraño, pero enseguida se dio cuenta de que su papá seguía siendo... *su papá*. Era el mismo hombre fuerte y cariñoso de siempre que hacía reír a todos y lo animaba para que mejorara pronto. Él y su mamá parecían estar bien.

Sin embargo, era posible ver un velo de tristeza en los ojos de su padre.

El hombre había tratado de explicarle lo que había pasado en el banco. No se había robado millones de dólares. No había agarrado un montón de dinero y lo había gastado. Simplemente, él y su jefe habían tomado dinero de uno de los negocios del banco y lo habían invertido en otro. Era un asunto complicado, pero lo que había hecho era ilegal y eso debía haber bastado.

—Sabía que lo que estaba haciendo estaba mal, pero pensé que estaba ayudando al banco y que nadie saldría perjudicado —le dijo a Josh con lágrimas en los ojos—. Lo siento. Me equivoqué.

Su padre había perdido el trabajo y habían puesto la casa en venta. Su familia necesitaba el dinero para pagar los gastos del abogado. Su mamá estaba planeando buscar un trabajo. Por otra parte, la cárcel donde su papá cumpliría la condena no quedaba muy lejos de Nueva Jersey. Era una cárcel para hombres que habían cometido delitos en sus trabajos. Josh y su mamá podrían ir a visitarlo todos los sábados.

El chico miró por la ventanilla del auto. Habían dejado atrás el camino de tierra y se encontraban en la estrecha carretera. El último incendio había quemado el bosque a ambos lados. Ahora solo se veían árboles esqueléticos y carbonizados.

Josh pensó en los animales que antes vivían en ese bosque. ¿Adónde habrían ido? Se le hizo un nudo en la garganta al imaginar cómo se sentirían. Quizás un poco como se sentía él ahora.

Perdido.

# CAPÍTULO 19

—Cariño, ¿estás bien? —le preguntó su mamá, agarrándole la mano.

Josh apartó la mano y asintió.

"No llores", se dijo a sí mismo. Sabía que si empezaba a llorar no tendría fin.

—¿Por qué no abres el regalo de Holly? —preguntó la mujer.

Josh respiró hondo, se volteó y tomó la caja que estaba en el asiento trasero. Pensó que el regalo podría ser un libro o algo parecido, pero la caja no pesaba casi nada. Desató la cinta que tenía alrededor, quitó la tapa y se quedó boquiabierto al ver la *cosa* larga y reseca que había en el fondo.

—¿Un calcetín sucio? —preguntó su mamá, echándole un vistazo a la caja.

—Es la piel vieja de King Kong —respondió Josh, sonriendo y negando con la cabeza.

Se imaginaba a su prima metiendo la piel de serpiente en la caja y atándola con una cinta. Solo a Holly se le podría ocurrir hacerle un regalo tan... diferente.

—Ay, mi madre —dijo su mamá, e hizo una mueca.

Josh volvió a tapar la caja y la puso en el suelo. Ya se le ocurriría una manera de devolvérsela a Holly cuando los visitara.

Pero mientras avanzaban lentamente por aquella carretera interminable, se puso a pensar en lo duro que debió de ser para King Kong mudar la piel para tener ahora una hermosa y reluciente.

Entonces se dio cuenta de por qué Holly le había hecho ese regalo. Se dio cuenta de lo que significaba. Pensó en la mañana del incendio, cuando su prima lo encontró sentado en el bosque.

Ella le habló sobre la muerte de su padre y lo mucho que sufrió al mudarse, lo duro que había sido para ella comenzar de nuevo. Le había dicho que de algún modo había sido como mudar la piel.

Y ahora él también tendría que mudar la suya.

Quizás Holly y él no fueran tan diferentes después de todo.

Josh se quedó pensando en todo eso un rato más hasta que la cartera de su mamá empezó a zumbar.

—¡Tu teléfono! —dijo la mujer—. Olvidé decirte que lo había cargado. Seguramente ya tenemos señal.

Josh sacó el teléfono, ¡que no paraba de recibir mensajes de texto!

De Greg.

De su papá.

De su entrenador y los chicos de su equipo.

"¿Cuándo vas a volver?".

"Te echamos de menos".

"¡Que te mejores!".

Josh sintió que el corazón se le quería salir del pecho. Primero le contestó a Greg.

“¡Vuelvo esta noche!”.

Luego a su papá.

“Tengo muchas ganas de verte”.

Envió unos cuantos mensajes más y se guardó el teléfono en el bolsillo. Agarró la caja de zapatos y la abrió de nuevo. Miró la piel de serpiente y sonrió para sí.

Greg se volvería loco cuando la viera y a su papá le parecería genial, sobre todo después que le explicara la razón por la que Holly se la había regalado.

Guardó la piel y agarró una magdalena, luego un brownie y después una galleta. Luego miró atentamente por la ventanilla. Aún no habían salido de la zona del incendio. El bosque seguía ardiendo, pero por primera vez notó que aún quedaban algunos árboles en pie. Árboles fuertes que de alguna manera habían sobrevivido al fuego.

Puso la mano sobre la de su mamá y contempló la larga carretera que tenían por delante. Entonces se recostó en el asiento.

Sabía que aún les quedaba mucho camino por recorrer, pero estaba seguro de que lo conseguirían.

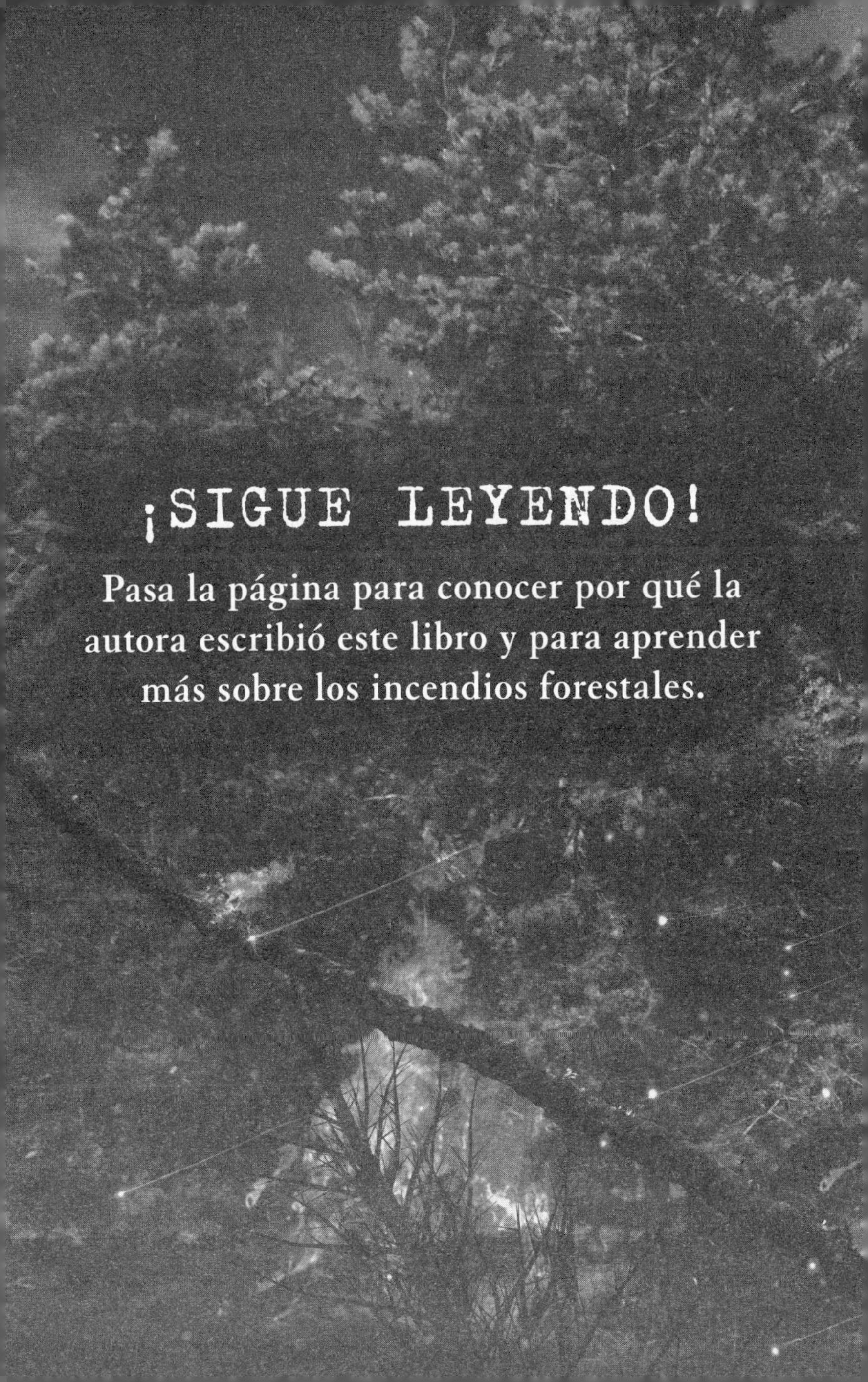

# ¡SIGUE LEYENDO!

Pasa la página para conocer por qué la autora escribió este libro y para aprender más sobre los incendios forestales.

# POR QUÉ ESCRIBÍ SOBRE LOS INCENDIOS FORESTALES EN CALIFORNIA

Estimados lectores:

En muchos sentidos, la historia que aparece en este libro comenzó en noviembre de 2018 cuando recibí un correo electrónico de una mujer llamada Holly Fisher.

El correo decía: "Es posible que haya oído hablar del incendio que ha devastado mi pueblo, Paradise, California".

Se me estrujó el corazón al leer esas palabras porque por supuesto había oído hablar de Paradise. Apenas unos días antes, el 8 de noviembre de 2018, ese bullicioso pueblo de 28.000 habitantes había sido destruido casi por completo por un incendio forestal.

*La familia Fisher (de izquierda a derecha): Josh, Sienna, Holly y Lucas Fisher.*

En su correo, Holly me explicaba que su hijo Lucas y sus amigos leían mis libros, y que deseaban compartir conmigo sus experiencias sobre el incendio. "Quizás debería venir a visitarnos", me sugería Holly.

Vivo en Connecticut, a unas tres mil millas de Paradise, pero unos meses después viajé a California en compañía de mi esposo, David, y tres de nuestros cuatro hijos. Por la carretera, camino a Paradise, pasamos junto a huertos de almendros y nos adentramos en las lomas al pie de las montañas de la Sierra, donde el pueblo se encuentra situado en lo alto de una cresta. Allí conocimos a Holly y a su esposo, Josh, un bombero que había ayudado a salvar muchas vidas cuando el incendio arrasó el pueblo.

Holly y Josh nos llevaron en auto por lo que quedaba de Paradise y nos contaron las experiencias que vivieron aquel día aterrador. Describieron la primera vez que divisaron el incendio, la espesa columna de humo que se elevaba a lo lejos. Nos contaron como el aire se había llenado de chispas incandescentes esparcidas por el viento, y con la rapidez con que la radiante mañana se había vuelto negra como la noche a causa del humo. Holly escapó en auto con Lucas y Sienna, su hijita pequeña. Josh permaneció en Paradise con los otros bomberos y ayudó a salvar a cientos de personas atrapadas en el incendio.

Mientras atravesábamos el pueblo, mi familia y yo mirábamos por la ventanilla conmocionados. Calle tras calle, solo veíamos ruinas. Las casas habían ardido hasta los cimientos. De ellas solo quedaban pedazos de metal retorcidos y los ladrillos de las chimeneas. Los autos habían sido destruidos; las carrocerías, carbonizadas; las ventanillas, destrozadas, y los neumáticos, derretidos; y el espeso bosque que rodeaba el pueblo ahora estaba lleno de árboles esqueléticos.

El silencio era espeluznante. No vimos ni un alma. Solo algunas casas sobrevivieron, entre ellas la de la familia Fisher. Muchos meses después, la gente seguía sin poder regresar a Paradise. No había electricidad. El agua no se podía beber porque estaba contaminada. El suelo estaba cubierto de cenizas tóxicas que hacían que respirar el aire fuera peligroso.

*Autos y camiones tras el incendio forestal en Paradise.*

Al día siguiente, conocí a los niños y maestros de Paradise en sus escuelas provisionales. Pude pasar tiempo con Renee Henderson, la directora de Paradise Elementary, y tener la oportunidad de ver como ella y los maestros trabajaban sin descanso para ayudar a sus estudiantes y a sus familiares. Conocí a Annie Finney, la maestra de Lucas, que había convertido la sala de su casa en un salón de clases provisional.

Tres meses después, David y yo hicimos una segunda

visita a Paradise para ver a los Fisher y a otra familia con la que había conectado: Greg y Nicole Weddig, y su hija Eleanor. Paradise ya no estaba en silencio. Por todas partes se escuchaba el ruido de motosierras y excavadoras. Gran parte de los escombros quemados habían sido despejados y algunas casas nuevas comenzaban a levantarse. Los Fisher planeaban volver a su casa para Navidad. Tanto ellos como los Weddig se sentían esperanzados y hacían todo lo posible por mantener unida a la comunidad.

El tiempo que pasé en Paradise me mostró lo destructivo que puede ser un incendio forestal, pero también me permitió ver como las personas se unen después de una catástrofe, como se ayudan mutuamente y como pueden seguir adelante con sus vidas. Eso

*La familia Weddig (de izquierda a derecha): Nicole, Eleanor y Greg.*

me inspiró más de lo que soy capaz de expresar, y ese sentimiento de esperanza y fortaleza fue el que quise plasmar en este libro.

Escribí sobre este tema porque muchos de los niños que conocí en Paradise me pidieron que escribiera sobre los incendios forestales. Como todos los libros de la serie Sobreviví, este también es una obra de ficción histórica, lo que significa que los hechos son reales, pero el pueblo y los personajes son productos de mi imaginación.

Sin embargo, como se habrán dado cuenta, los personajes del libro llevan los nombres de los miembros de las familias Fisher y Weddig, ya que este fue escrito para homenajearlos a ellos y a las otras muchas personas de Paradise —niños, padres y maestros— que tuve la dicha de conocer.

# MÁS DATOS

Como siempre, aprendí mucho durante el proceso de investigación para escribir este libro y, desafortunadamente, no pude incluir toda esa información en el relato. A continuación aparece información adicional sobre los incendios forestales y los reptiles, además de otros datos interesantes:

## LOS INCENDIOS FORESTALES SON CADA VEZ MÁS DESTRUCTIVOS

Los incendios forestales ocurren de manera natural, pero desde la década de 1980 los incendios forestales en California y otras partes del mundo son cada vez más grandes y destructivos. Desde el año 2000 han ocurrido quince de los veinte incendios más destructivos en la historia de California.

¿A qué se debe esto?

Los científicos piensan que el cambio climático es una de las principales causas de que los incendios forestales sean cada vez más grandes y destructivos. Como ocurre en muchas otras partes del mundo, hoy en día California es una región más cálida y seca. Esa es la razón por la que sus bosques guardan menos la humedad, lo cual provoca que los incendios se inicien con más facilidad y ardan más rápidamente.

Pero otra de las causas de la crisis actual es que durante más de cien años hemos tratado de apagar todos los incendios en los bosques del país. Ahora los científicos piensan que esta no es una buena medida. Los pequeños incendios forestales (e incluso algunos grandes) son fundamentales para el ciclo de vida de los bosques. Los incendios queman los árboles muertos y revitalizan los bosques. Sin estos, los bosques se sobrecargan de vegetación y se queman más rápidamente al producirse un incendio.

## LA TEMPORADA DE INCENDIOS DE 2018 HA SIDO LA MÁS DESTRUCTIVA EN LA HISTORIA DE CALIFORNIA

Todos los años ocurren miles de incendios forestales en California. La mayoría son pequeños y se apagan rápidamente, pero en 2018 ocurrieron más incendios de lo normal: alrededor de 8.000. Tres de estos incendios fueron muy grandes y altamente destructivos, y quemaron más de 100.000 acres de tierra.

*Una ladera en llamas durante el Incendio Mendocino Complex.*

El más grande fue el Mendocino Complex, que quemó 459.000 acres. El Incendio Carr, que es el que se menciona en este libro, quemó 230.000 acres y destruyó

1.604 casas y edificios. El Camp, que destruyó Paradise, quemó 153.000 acres y fue también el incendio más mortífero en California en cincuenta años: en él murieron ochenta y cinco personas.

En total, los incendios forestales en California quemaron 1,8 millones de acres en 2018, una extensión de terreno más grande que el estado de Delaware.

Sin embargo, los incendios forestales no solo ocurren en California. Pueden ocurrir en cualquier lugar donde haya árboles y hierba.

California es el estado que más incendios forestales ha sufrido en los últimos años, seguido de Nevada y Oregón. Me sorprendió que Oklahoma ocupara el cuarto lugar. En 2017, un gran incendio arrasó las praderas de Oklahoma y el norte de Texas, quemando 781.000 acres de tierra.

Y los incendios forestales son un problema en todo el mundo. En 2019, millones de acres ardieron en Australia en los peores incendios ocurridos en el país en casi un siglo.

## EL MAYOR INCENDIO FORESTAL EN LA HISTORIA DE EE. UU. TUVO LUGAR EN 1910

El Gran Incendio de 1910, también conocido con el nombre de Big Burn, fue el mayor incendio forestal en la historia de Estados Unidos. Destruyó tres millones de acres de tierra, principalmente en Montana y el norte de Idaho. En él murieron 87 personas, casi todos bomberos.

La historia del Gran Incendio de 1910 es fascinante. Si investigas un poco por tu cuenta, verás que cambió la política del país respecto a los incendios forestales. Fue este el que hizo que los dirigentes estadounidenses decidieran combatir todos los incendios forestales, lo que, como ahora sabes, no fue una gran idea.

*Una cuadrilla trabaja para apagar un incendio en 1910.*

Además, todo el mundo debería conocer la historia del bombero Ed Pulaski, quien les salvó la vida a decenas de bomberos atrapados en el incendio al conducirlos a una vieja mina. También inventó una herramienta para la extinción de incendios que se sigue utilizando hoy en día: el hacha Pulaski. Se trata de un hacha sencilla; por un lado tiene una pequeña azada que se puede usar como pala, y por el otro es un hacha para cortar maleza, ramas y arbustos. Los bomberos forestales la utilizan para crear cortafuegos, despejar la maleza y desenterrar raíces subterráneas que podrían reavivar un incendio extinguido.

*Todos los bomberos forestales llevan un hacha Pulaski.*

## ¿QUÉ SE PUEDE HACER PARA PREVENIR LOS INCENDIOS FORESTALES?

Todos podemos ayudar a prevenir los incendios forestales cuando estamos en la naturaleza, pero los expertos dicen que la medida más importante que se puede tomar es permitir algunos incendios forestales. En California y en todo el Oeste del país, los bomberos realizan lo que se conoce como "quema controlada" para despejar los bosques. Estas quemas o incendios se llevan a cabo cuando no hay mucho viento y el tiempo no es demasiado caluroso ni seco. Los bomberos dejan que el fuego queme una pequeña parte de un bosque, con el fin de eliminar árboles muertos o enfermos y maleza. Los bomberos realizan este trabajo con mucho cuidado para evitar que el fuego se propague.

Los habitantes de las zonas propensas a incendios también pueden tomar medidas en sus casas. Muchas personas eliminan árboles, arbustos y hierbas que pueden incendiarse con facilidad. Las sustituyen por plantas resistentes al fuego que pueden impedir la propagación de un incendio, como es el caso de la planta de hielo, también conocida como rocío, o la sábila.

*Bomberos realizan una quema controlada para proteger viviendas en agosto de 2018.*

## ESTO ES LO QUE PUEDES HACER PARA PREVENIR LOS INCENDIOS FORESTALES

- Si vas de acampada, haz una fogata solo donde esté permitido. Asegúrate de que todos apaguen bien el fuego antes de marcharse.
- Habla de los incendios forestales con tu familia. Si vives en una zona propensa a los incendios, elaboren juntos un plan de escape. Invita a un bombero a tu clase para que explique cómo puedes mantenerte a salvo.
- Si ves un incendio, aunque sea pequeño, aléjate rápidamente y comunícaselo a un adulto. Recuerda que un pequeño incendio puede convertirse en un gran incendio en cuestión de minutos.

Y una última cosa...

## NUNCA COMPRES UN REPTIL GRANDE PARA QUE SEA TU MASCOTA

Me encantó escribir sobre Burbuja y King Kong, pero lo más importante que aprendí mientras escribía sobre estos magníficos animales fue que nadie debería tenerlos como mascotas.

Los reptiles grandes son difíciles de cuidar, por eso muchos son abandonados en la naturaleza. La mayoría de estas criaturas no sobreviven. Sin embargo, otras prosperan al ser abandonadas en algunas partes del país, lo que causa grandes problemas.

En Florida, por ejemplo, se calcula que hay unas doscientas mil pitones birmanas en los Everglades, devorando todo lo que encuentran a su paso: huevos de pájaros, otros reptiles, conejos, zorros e incluso ciervos. Algunos animales han desaparecido por completo debido a la presencia de las pitones.

*Biólogos sostienen una pitón de Birmania de 15 pies de largo hallada en los Everglades, Florida.*

Si te gustan los reptiles, demuéstrales tu amor aprendiendo sobre ellos y dejándolos vivir en libertad.

## VEHÍCULOS Y EQUIPOS PARA INCENDIOS FORESTALES

A continuación aparecen algunos vehículos y ejemplos del equipamiento que utilizan los bomberos en los incendios forestales.

### AVIÓN CISTERNA

Los aviones cisterna pueden arrojar hasta 20.000 galones de agua o retardante de fuego en un solo vuelo. Este avión cisterna DC-10 está lanzando retardante de fuego cerca de Santa Bárbara, California.

## HELICÓPTERO HUEY

El Departamento Forestal de California le compra helicópteros usados al ejército y los adapta para combatir los incendios. Los Bell UH-1H Super Hueys se utilizan para transportar a los bomberos y arrojar agua, y, a veces, en misiones de rescate.

## CAMIÓN AUTOBOMBA

Los camiones autobomba son más pequeños que los camiones de bomberos normales. Sus cuatro ruedas disponen de tracción para poder desplazarse por terrenos accidentados hasta el lugar del incendio. A diferencia de los camiones de bomberos normales, que tienen que detenerse antes de poder bombear agua, los camiones autobomba pueden bombear agua mientras se encuentran en movimiento. Esto les permite a los bomberos combatir el borde de un gran incendio a gran velocidad.

## MOCHILA

Los bomberos forestales a menudo pasan días o semanas combatiendo un incendio. Sus mochilas incluyen bolsillos especiales para cargar botellas de agua, contenedores de combustible y otros objetos como linternas frontales, baterías, rastreadores de ubicación y meteorológicos, botiquines de primeros auxilios y barritas luminosas. Los bomberos también pueden colgarles herramientas como sierras plegables y navajas. Estas mochilas también contienen un bolsillo especial donde guardar el refugio contra incendios para poderlo sacar rápidamente. Las mochilas deben quedar en la parte inferior de la espalda para que los bomberos puedan mantener el equilibrio mientras cortan, serruchan y caminan por terrenos accidentados.

# REFUGIO CONTRA INCENDIOS

Los refugios contra incendios parecen sacos de dormir a prueba de fuego. Se utilizan como último recurso cuando un bombero se ve atrapado en medio de un incendio. Los refugios vienen empaquetados en cajas del tamaño de una caja de zapatos. Cuando un bombero necesita utilizarlo, tira de una cuerda y lo sacude para desplegarlo. El bombero se mete dentro del refugio y se acuesta en el suelo, protegiéndose la nariz, la boca y la cara. Los refugios contra incendios pueden soportar una temperatura de hasta 800 ºF y mantener a salvo a un bombero durante unos minutos mientras el fuego pasa por encima de él.

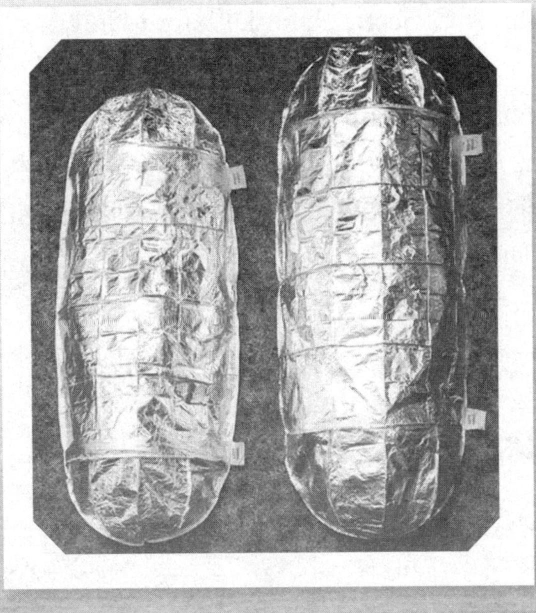

# CONTINÚA LEYENDO

*The Big Burn: Teddy Roosevelt and the Fire that Saved America*, de Timothy Egan, Nueva York, Houghton Mifflin Harcourt, 2009

*Burning Planet: The Story of Fire Through Time*, de Andrew C. Scott, Oxford, Oxford University Press, 2018

"California Burning", de William Finnegan, *The New York Review of Books*, 16 de agosto de 2018

"California Knew the Carr Fire Could Happen. It Failed to Prevent It", de Keith Schneider, ProPublica, 18 de diciembre de 2018

"Destined to Burn", escrito por periodistas del *Sacramento Bee*, abril de 2019

"Fire on the Mountain", de Brian Mockenhaupt, *The Atlantic*, junio de 2014

*Firestorm: How Wildfire Will Shape Our Future*, de Edward Struzik, Washington, DC, Island Press, 2017

*Megafire: The Race to Extinguish a Deadly Epidemic of Flame*, de Michael Kodas, Nueva York, Houghton Mifflin Harcourt, 2017

*Wildfire: On the Front Lines with Station 8*, de Heather Hansen, Seattle, Mountaineers Books, 2018

**Otro libro sobre un incendio de la serie Sobreviví:**

FOTO DE DAVID DREYFUSS

La autora delante de un camión de bomberos en Paradise, California, en compañía del bombero Josh Fisher.

**Lauren Tarshis** es la autora de la serie Sobreviví de la lista de libros más vendidos del *New York Times*, en la cual cuenta historias de chicos que demuestran resistencia y fuerza en medio de desastres inimaginables y épocas de agitación. Con sus características calidez, integridad e investigación exhaustiva, Lauren ha abordado temas como los ataques del 11 de septiembre, el huracán Katrina, el bombardeo de Pearl Harbor y otros sucesos de la historia universal. Vive en Connecticut con su familia y puedes encontrarla en laurentarshis.com